Rolf Umbach

Deine Liebe ist süßer als Wein

Rolf Umbach

Deine Liebe ist süßer als Wein

Das Hohelied, kabbalistisch gelesen

Mit acht Illustrationen
von Yo Mu Hung Umbach

Verlag Urachhaus

ISBN 3-8251-7489-1
Erschienen im Verlag Urachhaus
www.urachhaus.com

Umschlaggestaltung: U. Weismann unter Verwendung
eines Gemäldes von Yo Mu Hung Umbach
Gesamtherstellung: Freiburger Graphische Betriebe, Freiburg

Inhalt

Anhang

Biografischer Prolog

Die Kapelle erlaubt keine Dunkelheit und keine Schatten. Traumschleier, die noch hinter den Augen hängen, werden von der gleißenden Helle fortgespült. Über dem Altar hängt ein großes Holzkreuz mit dem bleichen Leib des Gekreuzigten. Jeden Morgen muss ich ihn so sehen und jeden Morgen quält mich sein Anblick von neuem. Ist dieser Zurschaustellung seines Leidens nicht auch eine heimliche und ungesunde Lust beigemischt? Was ist nur mit mir, warum kann ich die Abbildung des Gemarterten nicht als das heiligste Symbol des Glaubens verehren? Mit niemandem, auch nicht mit ihm selber, der mit seinen toten Augen über mich hinwegblickt, kann ich darüber sprechen. Er hat seinen Martertod in die Christenheit hineinwachsen lassen. Sie ist mit ihm verwachsen, wird durch ihn gehalten und ist undenkbar ohne ihn. Was aber hat er ihr mit diesem Tod zugefügt? Hat er sie damit wirklich erlöst oder vielleicht nicht auch vergiftet?

Die Bänke der Kapelle füllen sich mit jungen Männern, die, wie ich, aus dem Krieg zurückgekehrt, sich darauf vorbereiten, einmal zu predigen und die Sakramente zu verwalten. Uns wurde nahegelegt, bevor von der Orgel das Vorspiel zum ersten Lied der allmorgendlichen Andacht ertönt, uns in eine geistliche Lektüre zu vertiefen. Ich habe mir den Römerbrief des Paulus auferlegt. Vor kurzem habe ich Karl Barth dazu gehört. Paulus und er sind mir zusammengeronnen und haben ein Gesicht angenommen – das Gesicht Karl Barths. Ein Gesicht wie ein verwitterter Felsbrocken, von Schrunden und Rinnen durchfurcht, faszinierend und erschreckend zugleich. Und diese Sprache! Wie Thors Hammer schlägt sie zu. Nichts widersteht ihr. Alles zermalmt sie, bis zum Schluss nur noch die erhabene Größe Gottes bleibt. Oder ist es vielleicht doch nur die des Karl Barth und seines Paulus? Ginge es nur um Sprachgewalt, die Katarakte der Sätze, die Wahl geistvoller Vergleiche und die Kraft treffender Bilder – es gäbe nichts, was mich mehr in Bann schlagen könnte als ein Vortrag von Karl Barth. Doch da tritt ja kein Schauspieler auf, sondern jemand, der auf mich zielt, dem ich mich stellen muss. So sehr ich das auch möchte, und sei es auch nur, um kein Ausgeschlossener zu sein, um dazuzugehören, ich kann es nicht. Ich bin nicht das richtige Material für Karl Barths Hammer. Vielleicht bin ich wie Wasser. Mühelos dringt der schwere Hammer ein, und der Aufschlag ist kaum zu hören. Die erregten Kreise, die sich bilden, sind rasch verlaufen, und schon bald lässt nichts mehr erkennen, mit welcher Wucht der Hammer geführt wurde.

Die Morgensonne ist höher gestiegen. Ihr Licht fällt jetzt durch die langen, schmalen Fenster der Kapelle. Die Pendelleuchten sind ausgeschaltet worden. Ich quäle mich nicht weiter mit Paulus ab und suche, wie so oft schon, Zuflucht beim Hohenlied. Da sind mit einem Mal alle Sperren gelöst und ich eile mit Sulamith zu den Weinbergen hinaus, sehe ihre schwarzen Haare wie eine Herde Ziegen herabwallen vom Berge Gilead und atme all die Düfte, von denen die Verse des Hohenliedes so erfüllt sind. Ich frage mich nicht, ob ich mir Sulamith vielleicht zur Ersatzgeliebten gemacht habe. Mir genügt, dass sie nicht von den Gesteinsmassen der Schrift erdrückt, sondern von ihnen umgeben und geschützt wird wie die Taube in den Felsenklüften.

Jahre später erlebte ich, wie das Standbild des gigantischen Karl Barth zunächst schrumpfte und dann immer mehr zerfiel. Fast ist er jetzt selbst zu dem Staub geworden, zu dem er alles zermalmen wollte. Und Paulus? Ist ihm nicht das gleiche widerfahren, nur dass man das noch nicht ganz so offen ausspricht? Wer heute verurteilt, was der Apostelfürst seinen Gemeinden aufs Dringlichste einschärfte, ist kein Abtrünniger mehr. Im Gegenteil: Erst wer Paulus von sich selber reinigt, scheint von sich sagen zu können, er habe ihn richtig verstanden. Man kann jetzt ohne Scheu bekennen, dass man die Darstellung der Leiden des Gekreuzigten und die Versenkung in sie ungesunder Regungen für verdächtig hält. Theologe zu sein, ist heute so viel leichter als damals. Wer die Kanzel besteigt, muss sich dabei nicht mehr verbiegen.

Andererseits, damals, kurz nach dem Krieg, konnte man noch getrost im Hohenlied mehr sehen als ein orientalisches Liebeslied. Deswegen war man keineswegs bereits ein Fabelwesen aus der mythologischen Vorzeit der Theologie.

Wie eine leise, oft übertönte Melodie hat das Hohelied mein Leben begleitet. Sollte es nur Zufall sein, dass ich ihr nach vielen Jahren in der Kabbala wiederbegegnete? War ich vielleicht damals schon in der überhellen Kapelle ihr nahe gewesen und habe ich mich deshalb gegen Karl Barth aufgelehnt?

Ich habe die alte Bibel von einst wieder hervorgeholt. Sie ist vergilbt und zerfleddert. Doch wie Waben haben sich die Verse mit dem Eintrag meiner Jahre gefüllt. Hat Sulamith mich vielleicht vor einem Menschenleben gelehrt, ihren Duft wahrzunehmen, damit ich sie an ihm erkenne, wenn ich ihr später wiederbegegnete? Immer wieder hat sie sich mir wie eine Gazelle in langen Fluchten entzogen, mitten im Lauf dann oft plötzlich verharrend und sich umschauend, wie um sich zu vergewissern, dass ich ihr noch folge. Dann aber ist sie weitergeeilt, ihren fernen Bergen zu. Ich setzte ihr nach, strauchelnd und stürzend. Jetzt sehe ich die Berge, ihre Duftberge, vor mir. Dahin also wollte sie mich führen? Dann wäre sie, als ich ihr nacheilte, nie Beute, sondern immer nur Bote gewesen?

Doch nicht nur mir ging es so. Hunderten erschien sie wie mir. Allen war sie die gleiche und doch jedem die einzige. Hymnen wurden ihr gedichtet. Mit Legenden wurde sie umrankt. Im Tempel zu Jerusalem soll einst ihre Heimstatt gewesen sein. Dort habe sie sich für ihren Geliebten geschmückt, und im Duft der Rauchopfer sei sie zu ihm aufgestiegen, damit er sich ihrer erinnere, zu ihrem Lager herabeile, ihr Haupt auf seiner Linken bette und sie mit seiner Rechten liebkose. Der Tempel wurde zerstört und es schien, als sei sie in ihm verbrannt und unter seinen Trümmern begraben. Doch dann nahm man ihren Duft wieder wahr, traf auf ihre Spur. Es bedarf also des Tempels nicht. Überall kann ihre Heimstatt sein. Überall lässt sie sich finden.

Davon singt das Hohelied. Allerdings, es verhüllt weit mehr als es preisgibt. Das, was sich den jüdischen Gottsuchern erschloss, die es um- und umwendeten, vertrauten sie dem verdeckt fließenden Strom der Kabbala an. Dabei schrieben sie oft so, als ob sie geradezu widerstrebend ein Geheimhaltungsgebot überträten.

Als ich durch eines jener Ereignisse, die wie ein Zufall aussehen und es doch nicht sind, an die alten Texte geriet, konnte ich von ihnen nicht mehr lassen und habe sie zu entziffern und verstehen versucht. Wie viel auch unverständlich blieb, eins ist gewiss: Die alten Meister sprechen im Hohenlied von der Spiegelung der göttlichen Liebe in der Liebe von Mann und Frau. Dabei gleicht oft, was sie hinterließen, der Aufzeichnung von Melodien in einer Notenschrift, von denen nur einige wenige Takte so geschrieben sind, dass man sie nachspielen kann. Wenn wir der Resonanz dieses Wenigen in uns lauschen, entdecken wir, dass der Verlust der Kenntnis von der Bedeutung der Noten nicht so schwer wiegt, wie der Verlust des Wissens darum, dass in der Liebe von Mann und Frau die Liebesleidenschaft Gottes nachschwingt. Davon will das Hohelied sprechen und das ist seine Botschaft gerade für unsere Zeit.

Setumoth und Petuchoth

Ehe wir uns einer Auswahl kabbalistischer Textinterpretationen zum Hohenlied zuwenden, ist es notwendig, kurz auf eine außerhalb des Judentums weniger bekannte Texteinteilung der Bücher des Alten Testamentes einzugehen.

Für den synagogalen Gottesdienst sind diese Bücher nicht in Kapitel sondern in *Paraschoth* – Leseabschnitte – gegliedert. Die Paraschoth sind dann weiter in Setumoth[1] und Petuchoth unterteilt. Die Bezeichnung Setumoth ist vom hebräischen *satham*, schließen, geheimhalten, abgeleitet. Petuchoth hingegen kommt von *pathach*, öffnen. Setumoth schließen ab, Petuchoth öffnen.

Das Hohelied zählt zwanzig Setumoth und eine Petucha. Insgesamt gibt es also einundzwanzig Abschnitte, die man als

Strophen verstehen könnte, wenn sie auch nicht wie die Strophen unserer Lieder jeweils die gleiche Anzahl von Versen umfassen. Die Kabbala betrachtet nichts als Zufall, und erst recht nicht Zählbares und Zahlen in der Schrift. Nun muss einem bei der Anzahl der Setumoth gleich einfallen, dass das hebräische Alphabet aus zweiundzwanzig Buchstaben besteht, die als weit mehr gelten, denn als Zeichen zur Umsetzung von Sprache in Schrift. Um jeden der Buchstaben liegt noch die Aura der Oberen Welt, der er entstammt; beschrieb doch Gott selbst mit diesen zweiundzwanzig Buchstaben die Steintafeln, die er Moses auf dem Sinai übergab. Deswegen wendet die Kabbala der Zahl zweiundzwanzig, wann immer sie in der Schrift auftaucht, besondere Aufmerksamkeit zu.

Das Hohelied besteht nun aber aus einundzwanzig und nicht aus zweiundzwanzig Leseabschnitten! Zu früh also die Freude über einen ›zufälligen‹ und doch bedeutsamen Zusammenhang? Vielleicht auch nicht. Mit zweiundzwanzig Buchstaben könnte alles gesagt werden. Bei einundzwanzig muss immer etwas überbrückt werden, und dabei kann man nie sicher sein, ob man richtig ergänzt hat. Außerdem, übersehen wir nicht: Wir haben zwanzig Schließungen und nur eine Öffnung. Sollte das vielleicht als ein weiterer Hinweis darauf verstanden werden, dass auch aus der Tradition der Kabbala dieser Rätselgang, das Hohelied, nie ganz erschlossen werden kann?

Wenn nun aber in den zwanzig Schließungen und der einen Öffnung der Fingerzeig enthalten wäre, man solle sich ihnen und nicht dem Pfad der acht Kapitel,[2] in die das Hohelied in unseren Bibeln eingeteilt ist, anschließen? Geht man der alten Einteilung nach, erweist sie sich bald als feinsinnige Verständnishilfe. Wir haben sie deshalb unserer Übersetzung zugrunde gelegt.

Von unteren und oberen Gesängen

Die erste Setumah – die erste Schließung im Hohenlied – erscheint nach sieben Versen. Zufall? Oder soll mit der bedeutungsschweren Siebenzahl zu Anfang des Liedes ein Hinweis auf Zusammenhänge mit anderen Siebenerrhythmen und -ordnungen gegeben werden, auf die man in der Schrift immer wieder stößt? Aufgezwungen ist dieser Einschnitt dem Text keinesfalls, denn nach dem siebten Vers endet der einleitende Anruf der Geliebten. Im achten Vers antwortet der Geliebte.

Dem Ruf der Geliebten ist der Vers vorangestellt: »Gesang der Gesänge, der da ist des Salomo.« Dieser Vers wird allgemein für die Überschrift gehalten. Die Schrift aber zählt ihn bereits als den ersten Vers des Gedichts. Die Kabbala folgt ihr darin, entdeckt aber außerdem in ihm einen Prolog, in dem die eigentliche, die geheime Absicht des Hohenliedes enthüllt wird.

Dem, was an erster Stelle steht, kommt in der Schrift stets besondere Bedeutung bei. Der Schöpfungsbericht beginnt mit dem gewichtigen Wort *bereschit*: »Im Anfang«. Deshalb hat die Kabbala dieses Wort bearbeitet, gewendet und geschliffen, bis es zu einem Spiegel wurde, in dem die Eruptionen der Schöpfung und die Tiefe der Gottheit, aus der sie hervorbrachen, sichtbar zu werden begannen.

Der Sohar ha-dash[3] blickt durch den ersten Vers des Hohenliedes, der doch so klar zu sein scheint, dass er keiner Deutung bedarf, auf ein Geheimnis der Schöpfung. Er bringt dazu die Verse, mit denen der Schöpfungsbericht und das Hohelied beginnen, in Verbindung. Der erste Buchstabe im Schöpfungsbericht ist das Beth (ב) *bereschit bara elohim* – »Im Anfang schuf Gott«. Das Hohelied beginnt mit dem Satz *schir ha-schirim* – »Gesang der Gesänge«. Hier ist der erste Buchstabe das Schin (ש). Beth ist der zweite Buchstabe des hebräischen Alphabets, Schin der zweitletzte. Damit soll angedeutet werden, so der Sohar ha-dash, dass das eine im anderen spiegelverkehrt wiedergegeben wird. Im Schöpfungsbericht wird das gewaltige kosmische Schauspiel der Geburt der Welten überliefert, im Hohenlied die Symphonie göttlicher Leidenschaft, die dazu ertönt.

Der Sohar ha-dash, der sich ganz auf das Hohelied konzentriert, findet nicht nur in den ersten acht Versen den aufs Äußerste verdichteten Schöpfungsbericht wieder, sondern darüber hinaus noch in den Versen 9–11 den Auszug aus Ägypten und die Sinai-Offenbarung.

Nun bricht der Sohar ha-dash, auf den wir uns hier hauptsächlich stützen, scheinbar unvermittelt nach dem 11. Vers ab. Warum? Ist dem Verfasser der Stoff ausgegangen, wurde er durch Krankheit gehindert, hatte er das Interesse an dem Thema verloren? Diese Erklärungsversuche übersehen, dass der Sohar ha-dash tatsächlich sein Ziel erreicht hat: Er hat gezeigt, wie die korrespondierenden Höhepunkte der Thora – die Schöpfung und die Offenbarung am Sinai – bis zum 11. Vers im Hohenlied nach der Tradition des geheimen Wissens gedeutet werden. Sieht man es so, dann ist der Abbruch nach dem 11. Vers kein Zufall. Er ergibt sich vielmehr aus der Überzeugung, dass mit der Schöpfung der Welt und des Menschen eine Grundordnung eingeschrieben worden sei, zu der am Sinai das Gesetz als krönender Abschluss hinzugefügt wurde.

In ein Bild gebracht: Schöpfung und Offenbarung am Sinai sind wie zwei gewaltige Gebirgsmassive, von denen Flüsse und Bäche herunterströmen und das zwischen ihnen liegende Gebiet bewässern und sich dann zu einem mächtigen Strom vereinen, der sich in die Zeiten ergießt, die bis auf den heutigen Tag aus ihm leben. Sehen wir es so, dann hätte es dem Ansatz des Sohar ha-dash widersprochen, wenn er, nachdem er im 11. Vers das zweite Gebirgsmassiv sichtbar gemacht hatte, sich mit gleicher Gründlichkeit den nachfolgenden Versen zugewandt hätte. Was zu sagen war, war gesagt.

Diese in sich schlüssige Erklärung kann aus dem Geist der Kabbala ergänzt werden. Im Hohenlied kommt der Zahl 9 eine besondere Bedeutung zu. Es umfasst 117 Verse (= 9 x 13), dazu 1251 Wörter (= 9 x 139) und 5148 Buchstaben (= 9 x 572).[4] Im Hohenlied tritt die 9 erst durch eine Rechenoperation zu Tage. Wir sagten, dass der Sohar ha-dash nicht zufällig nach dem Kommentar zum 11. Vers schließt, denn in ihm erkennt er einen Bezug zur Sinai-Offenbarung. Dieser Bezug ist verdeckt und tritt erst hervor, wenn man den Zahlenwert

von »Ich bin« in »Ich bin der Herr dein Gott« (2. Mos. 20, 2) ermittelt. »Ich bin« hat den Zahlenwert 81 = 9 x 9.[5]

Damit war der im Geheimen gegebene Schlusspunkt erreicht!

Dazu kommt noch, dass die ersten 11 Verse des Hohenliedes, von denen wir ja sagten, dass sie die Kernaussage des Textes in sich beschlössen, im Hebräischen aus 90 Wörtern bestehen. Damit ist im Sinn der Gematria[6] der Schlusspunkt, den der Sohar ha-dash hier setzt, kein Zufall, sondern mit der verborgenen Struktur des Hohenliedes verbunden

Doch kehren wir zum Schöpfungsbericht zurück. Wir sagten dazu, dort würde das gewaltige kosmische Schauspiel der Geburt der Welten überliefert, im Hohenlied hingegen die Symphonie der göttlichen Leidenschaft, die es begleite.

Damit wird die Schöpfung als Urzeugung verstanden. Der Schöpfungsbericht liest sich aber doch eher wie eine Schilderung aufeinander folgender Werkstufen. Sieht man jedoch genauer in ihn hinein, findet man die Urzeugung durchaus in ihm angedeutet, denn es heißt dort: »Dies sind die Zeugungen[7] von Himmel und Erde am Tag, als JHWH Elohim sie erschuf.« (1.Mos.2,4) Unsere Übersetzungen können damit aber nichts anfangen und behelfen sich stattdessen mit: »Das ist die Entstehungsgeschichte von Himmel und Erde«, oder: »Also sind Himmel und Erde geworden.« Zeugung aber geht immer aus Befruchtung und Empfängnis hervor. Deswegen ist auch für die Kabbala Gottes Wort kein donnernder Befehl, der aus dem uranfänglichen Nichts Zeit und Raum, das Universum, die Erde und alles Leben auf ihr hervorrief. Nein, Gottes Wort ist ein Samen, der aus einem alle Vorstellungen übersteigenden Orgasmus ausbrach.

In jeder Zeugung auf der Erde schwingt noch etwas von

dieser Urzeugung nach. Wo aber vibrierte sie fühlbarer als in der Liebe von Mann und Frau? Von allen Zugängen, die dem Menschen zu seinem Ursprung verblieben, ist sie die unmittelbarste, und eben dies ist das Zentrum, das das Hohelied poetisch umkreist. Nicht, dass Rabbi Akiba,[8] als er sagte, das Hohelied sei das Heilige des Heiligen, dies übersehen hätte. Wie wäre das auch möglich? Die Erotik des Gedichts ist deutlich genug. Deswegen irrt, wer glaubt, er könne sich der verborgenen mystischen Botschaft des Hohenliedes geradenwegs nähern, wenn er im puritanischen Eifer seine erotischen Bilder umdeutet. Das Verborgene wird durch sie hindurch sichtbar, nicht über ihnen!

Das Hohelied ist zwar zunächst nur der Zwiegesang von Salomo und Sulamith, doch tönt in diesem Zwiegesang das Liebeslied des Männlichen und Weiblichen in der Gottheit wider. Das Obere sehnt sich nach dem Unteren, das Untere nach dem Oberen. Beide wollen wiedervereint werden, und eben dies sieht die Kabbala im Beth des Anfangs der Genesis und im Schin, mit dem das Hohelied beginnt, angedeutet.

Jedoch nicht nur seine Nähe zum Schöpfungsbericht hebt das Hohelied von den übrigen Büchern der Schrift ab. Als einziges beginnt es mit dem Wort »Gesang«, und als Gesang soll es verstanden werden. Man hat diesen Gesang im Laufe der Jahrhunderte Stufe um Stufe heruntergedeutet, bis er schließlich nichts anderes mehr war als die verliebte Zwiesprache eines Hirtenmädchens mit seinem Freund. Das ist er zweifellos auch, und doch ist er weit mehr. Die göttliche Liebe schwingt in der irdischen weiter. Das Hohelied will für die große Liturgie der Welten öffnen und an ihr teilhaben lassen. Das ist seine verdichtete und verschlüsselte Botschaft.

Davon spricht Rabbi Nehemia, einer der Gefährten des berühmten Rabbi Simon ben Jochai, der Zentralfigur des Sohar:

»Wenn dieses Buch ›Gesang der Gesänge‹ genannt wird, so bedeutet das: Gesang der oberen Sänger, Gesang, der alle Tiefe der Lehre und Weisheit in sich schließt, so wie Kraft und Stärke, das Vergangene zu erkennen und das Künftige vorauszusehen – Gesang der oberen Fürsten. Gesegnet der, dem vergönnt ist, diesen Gesang zu vernehmen, denn kundig wird er der Thora und der Weisheit. Das Vergangene kann er erforschen und das Künftige vorauswissen. Erst Salomo war dessen gewürdigt. Er vernahm als Erster diesen Gesang, und wahrlich, damit ward er des Zentrums der Weisheit inne und er vermochte in ihre Tiefe zu lauschen und in sie einzudringen.«[9]

Rabbi Nehemia greift mit diesen Worten nicht etwa wie ein Poet in den Fundus seiner Bilder und Vergleiche, wohl wissend, dass man ihn ohnehin nicht wörtlich nehmen wird. Nein, er meint, was er sagt und er weiß sich darin mit David und den Propheten einig.

»… und die Himmelsfeste erhebt das Werk seiner Hände.
Die Himmel verkünden preisend Gottes Ehre
Ein Tag tut es dem anderen kund -
mit unhörbarer Stimme.
Ihr Klingen geht aus durch alle Lande,
ohne Sprache, ohne Worte,
ihr Reden bis zum Ende der Welt.« (Ps. 19,2–5)

Wenn Goethe im Prolog zum *Faust* davon spricht, dass die Sonne im »Bruderspähren Wettgesang« töne, dann lässt er damit erkennen, dass auch er um diesen Gesang wusste und in ihm den Grundakkord hörte, über dem sich das ganze Weltgeschehen aufbaut.

Aus dem Vernehmen der Oberen Welt, sagt Rabbi Nehemia, erwächst Weisheit, wohingegen – das sagt er nicht, schließt es aber ein – die Kenntnis der Unteren Welt nur zu Wissen führt, zur Anhäufung von Bruchstücken, aus denen aber niemals das Ganze hervortritt. Nur in Weisheit wird durch das Erscheinende hindurch das verborgene Ganze, wie umrisshaft es auch sei, erahnt. Dann gewinnt Zeitliches überzeitliche Bedeutung und Gestalt, und auch die scheinbar unzusammenhängenden Bruchstücke einer Biografie schließen sich wie Wörter zu Sätzen zusammen und reichen in das Ewige hinein.

Was vermag dem gegenüber die Psychologie? Bestenfalls kann sie die Intelligenz eines Menschen messen, psychische Auffälligkeiten entdecken, die Verwendbarkeit für Tätigkeiten abschätzen. Wahrhaft verstehen jedoch kann sie ihn nicht. Nur den Liebenden eröffnet sich der Durchblick auf das ewige, das eigentliche Wesen des anderen.

Wer, wie Salomo, den oberen Gesang vernimmt, der ist ein Liebender im höheren Chor, und ihm erschließt sich das ganze Weltgeschehen bis in seine Vergangenheit und seine Zukunft. Im Auf und Ab der Geschichte erkennt er das pulsierende Herz Gottes. Als Erstem war dies Salomo vergönnt und einigen wenigen Weisen nach ihm.

Rabbi Nehemia fährt fort:

> »So wurde gelehrt: Als der Allheilige, gelobt sei Er, Seine Welt erschuf, war es Sein Wille, die Himmel mit Seiner Rechten, die Erde aber mit Seiner Linken zu erschaffen. Ferner wollte Er, dass Tag und Nacht gemeinsam herrschen sollten. Deswegen erschuf Er sowohl Fürsten, die ausersehen sind, Loblieder am Tage zu singen, da die Liebe ihre Zeit hat, als auch Engel, die des Nachts singen, da das

> Gericht herrscht. Eben dies ist gemeint, wenn es heißt: ›Bei Tag sende der Herr seine Liebe, und in der Nacht sei sein Lied bei mir.‹« (Ps. 42,9)
>
> »Die in der Nacht singen, sind die Fürsten der Sänger. Wenn die Irdischen zu singen anheben, gewinnen die Oberen an Kraft, weil sie nun wissen, verstehen und begreifen können, was ihnen zuvor verschlossen war. Himmel und Erde werden so durch den Gesang der Fürsten gestärkt.«[10]

Wo hätte man davon gehört, dass Gott die Welt mit den widerstreitenden Kräften seiner rechten und seiner linken Hand erschaffen habe? Rabbi Nehemia greift hier auf den so schlicht eindeutig scheinenden Satz zurück, dass Gott am Anfang Himmel und Erde schuf. Ein Ganzes war geplant, doch sollte es aus einem Oberen – dem Himmel – und einem Unteren – der Erde – bestehen, wie Abend und Morgen, die, wenn sie sich auch gegenüberstehen, dennoch *ein* Tag sind. Von Anfang an also existiert nichts ohne seinen Gegensatz. Das antagonistisch-responsorische Prinzip ist bereits in den Ursprung der Schöpfung eingegossen. Darauf beruhen ihre Erhaltung und ihr Fortgang. Den krönenden Abschluss findet dieses Prinzip in der Erschaffung von Mann und Frau. Wie aber Mann und Frau nur in Liebe vereint ein Mensch und damit wieder *der* Mensch sind, so ist die ganze Schöpfung – die der rechten und die der linken Hand – erst wieder geeint und vollständig, wenn sie zusammen den großen Lobgesang singt.

Davon sprach Rabbi Nehemia, als er sagte, »dass Gott den Himmel mit Seiner Rechten, die Erde aber mit Seiner Linken erschuf und wollte, dass sie gemeinsam herrschten.« Himmel und Erde sind gleich wichtig; sie sind jedoch nicht gleich. Den Himmel durchwaltet vollkommene göttliche Ordnung, die Erde aber ist unvollkommen und immer vom Absturz ins Chaos bedroht. Dabei ist der Himmel, das Obere, kein unbewegliches, auf ewig erstarrtes Jetzt. Auch dort gibt es Umwälzungen und Neubeginne. Doch diese Durchgänge verwirren nicht die harmonische Ordnung seiner Akkorde und Rhythmen. Anders die Erde. Neues ist dort immer mit dem Beginn eines gefahrvollen Prozesses verbunden, doch Klammern ans Alte, Bewährte führt zum Tod in Erstarrung.

Diese Unvollkommenheit rührt daher, dass, wie Rabbi Nehemia sagt, Gott die Erde mit seiner linken Hand schuf. Darin ist sie der Nacht ähnlich, die auch aus der linken Hand hervorging. Deswegen hat in ihr das Gericht seine Zeit. Den Tag aber, da die göttliche Liebe waltet, hat Gott mit seiner Rechten erschaffen. Diese Liebe ist makellos wie das Licht. Das Licht aber kann nur sichtbar werden, wenn es auf die lichtlose Materie trifft.

Dann wäre der Himmel ohne die Erde nicht der Himmel und Gott ohne den Menschen nicht Gott? Eben das deutet Rabbi Nehemia an, wenn er sagt: »Wenn die Irdischen zu singen anheben, gewinnen die Oberen an Kraft, weil sie nun wissen, verstehen und begreifen können, was ihnen zuvor verschlossen war.« Dem nur Vollkommenen mangelt das Unvollkommene – es bedarf seiner wie das Licht der Materie.

Rabbi Nehemia beendet seinen Midrasch[11] mit einem Kommentar zu einem scheinbar gänzlich unverschlüsselten Text. Er fragt nämlich danach, was es bedeuten könnte, wenn Salomo von sich sagt: »Ich erwarb mir Sänger und Sängerinnen.« (Pred. 2,8) In diesem Vers sieht er einen weiteren verborgenen Hinweis auf die zwei Chöre, von denen er sprach. Er löst die Sperren der Verschlüsselung dieses Satzes und deutet ihn so, als ob Salomo damit gesagt habe:

»Ich erwarb mir solche, die sowohl der oberen wie der unteren Gesänge kundig sind, und dies hinwiederum bedeutet: Ich erlangte die Kunst des Gesanges nicht nur von den unteren, sondern auch von den himmlischen Sängern.«[12]

Darauf weist ja auch die Doppelung in »Gesang der Gesänge« hin. Wenn hier das Wort zweimal gebraucht wird, dann wird damit insgeheim auf die unteren und die oberen Sänger hingewiesen. Salomo vernahm beide, und beide vereinte er im Hohenlied, und deswegen, so können wir hinzufügen, schwingt in ihm mehr von den Geheimnissen der Oberen Welt mit als in den anderen Büchern der Schrift.

Rabbi Eleasar, der Sohn von Rabbi Simon ben Jochai, ergänzt seinen Gefährten mit einem anderen Midrasch:

»Jene Sänger, die des Nachts singen, hatten geschwiegen, bis Levi geboren war. Von da ab aber sangen sie.
Die unteren Sänger gingen nämlich aus dem Stamme Levi hervor. Sie wurden für ihren Dienst geheiligt, und wenn sie ihn verrichteten, verbanden sich die Unteren mit den Oberen: Gefährten geeint und Welten geeint und ein König über ihnen thronend. Salomo aber machte aus den Gesängen dieser Sänger eine Dichtung, in der alle Weisheit beschlossen ist.«

Damit greift Rabbi Eleasar den kühnen Gedanken Nehemias wieder auf, der davon sprach, dass die Obere Welt sich nicht in selbstgenügender Vollkommenheit von der Unteren Welt abkapselt, sondern auf sie angewiesen ist. Der himmlisch-irdische Wechselgesang, zu dem die Schöpfung als Ganzes berufen ist, konnte erst beginnen, nachdem Levi geboren war, denn aus seinem Stamm gingen die unteren Sänger, die

Leviten, hervor. Das darf nicht missverstanden werden: Der Nachtgesang der Leviten kann nicht etwa nur im nächtlichen Dunkel ertönen. Nachtgesang ist vielmehr alles, was an Preis und Lob von der Unteren Welt nach oben gerichtet ist, ganz gleich, wann es erklingt.

Die Obere Welt hatte auf diesen von unten aufsteigenden Lobgesang gewartet. Nein, deutlicher noch, sie konnte mit ihrem Gesang nicht eher beginnen, als bis das Untere zur Antwort bereit war. Das wäre so ähnlich gewesen, als wenn zum klösterlichen Stundengebet nur die Mönche erschienen, die ihren Dienst von der rechten Seite des Chorraums verrichten. Wenn die, die für die linke Seite eingeteilt sind, nicht kämen, wäre niemand da, der ihnen antworten könnte, und dann müsste auch der Chor der rechten Seite schweigen.

Das Untere ist nicht etwas, auf das das Obere verzichten könnte, kein wertloser Abraum, keine Stätte der Verworfenen, derer sich die Obere Welt ohne jeden Grund und Gewinn annimmt. Was aber ist das Besondere des Unvollkommenen, was trägt ihm diese Zuwendung ein?

Irdisches Leben windet sich durch Mühe, Trennung, Leid, Verzweiflung, Krankheit, Unfall und Tod. Das alles ist der Oberen Welt fremd. Doch in Mangel und Elend kristallisiert sich etwas nur der Erde Eigenes, ohne das das Ganze nicht vollkommen wäre. Im anbetenden und preisenden Gesang der Leviten wird es sublimiert und emporgehoben.

Als der Sohar bis zu dieser Stelle vorgedrungen ist, lässt er Rabbi Jehuda fragen:

> »Warum wurden die unteren Sänger Leviten genannt? – Weil sie für das Obere offen und mit ihm verbunden sind. So wird auch die Seele dessen, der ihren Gesang vernimmt, nach oben geöffnet und mit ihm verbunden.«

Rabbi Tanchum fügte hinzu:

»Überall sind die Nachkommen Levis der Schechinah zugesellt: So war es bei Moses, Ahron und Miriam und so ist es bei all ihren Kindern und Kindeskindern.«

Zunächst: Leviten sind alle, die für das Obere geöffnet sind und nicht etwa nur die leiblichen Nachfahren Levis. Oder, wie Rabbi Tanchum zu verstehen ist: Ein Levit ist, wer der Schechinah zugesellt ist.

Damit hat das Rundgespräch der Gefährten zur zentralen und tragenden Vorstellung der kabbalistischen Lesart des Hohenliedes geführt: zur Schechinah. Sie kann vielerlei Namen annehmen, den der Sulamith des Hohenliedes oder des Gretchens, in dem Faust das Ewigweibliche aufleuchtete, oder der Diotima in Hölderlins *Hyperion*. Die Schechinah ist die im Sichtbar-Materiellen erscheinende weibliche Seite der Oberen Welt. Der, der sie wahrnimmt, wird durch sie nach oben geöffnet, und das Verlangen nach der Oberen Welt wird in ihm entzündet. Ist jemand blind und taub für die Schechinah, ist er auch blind und taub für Gott, so viel er auch von ihm reden und schreiben mag. Wen aber die Schechinah anrührt, dessen Mund mag zwar schweigen, doch seine Seele singt.

Die Schechinah hat keine feste Stätte, keine feste Zeit, zu der sie erschiene. Überall kann sie sich zeigen: Beim Anblick des flammenden Abendrots und im farbigen Spiel der darüber verblassenden Wolken, oder auf dem dämmrigen Weg im Fichtenwald mit dem verharschten, von den Spuren des Wildes durchzogenen Schnee. Immer, wenn einen Menschen etwas mit Bewunderung, Freude und Dankbarkeit erfüllt, ist die Schechinah nahe. Dabei kann sie das Unscheinbarste erwählen und das Kostbarste verwerfen. Beim gleichen Anlass berührt sie den einen und geht am anderen vorüber.

Rabbi Tanchum würde dies wahrscheinlich gelten lassen, hinzufügen aber würde er:

»Wen die Schechinah ihrer Berührung würdigt, den möchte sie dem Chor der unteren Sänger zugesellen. Ihr erstes Zeichen kommt überraschend, meist ohne vorangegangenes Bemühen darum. Von da an aber bedarf es ständiger Aufmerksamkeit und Bereitschaft, sie in den kleinen, so leicht übersehbaren Zeichen, die sie überall hinterlässt, wahrzunehmen. Der Nachtgesang der unteren Fürsten, was ist er anderes als dankbare und freudige Wahrnehmung des Oberen im Unteren? So lange ihr dafür nicht blind und taub seid, sondern im Gegenteil, ihm nachgeht, alles daransetzt, es tiefer zu erfahren, es in euch nachklingen zu lassen, können die wachsenden Schatten der Gegenwart die Schechinah nicht vertreiben. Wer die Erwählung durch die Schechinah annimmt, der wurde, ohne dass er es bemerkte, in den geheimen Chor der unteren Fürsten aufgenommen. Dabei aber hört er nicht nur den Gesang seiner Mitsänger, sondern manchmal auch etwas von der Antiphon der oberen Fürsten.«

Der Kuss

O dass er mich küsste mit seines Mundes Küssen!

Auch für diesen Vers – dem zweiten des Gedichts – hat der Sohar[13] eine überraschende Deutung.

> »Alle Küsse der Liebe sind nichts anderes als Zeichen dafür, dass eines im andern sei. Deswegen führen diese Küsse alles in eins zusammen: Buchstaben in Buchstaben, Welten in Welten, Stufen in Stufen, Mann und Frau, damit alles eins sei.«

Was aber ist nun der Kuss der Liebe?
Die Antwort:

> »Der Kuss der Liebe ist nicht der Kuss des Mundes allein, vielmehr verbindet sich dabei Geist mit Geist. Jeder Mensch hat eine Geistseele, die sich mit der Geistseele des Geliebten verbindet, so dass vier Geister entstehen. Je inniger sich Mann und Frau vereinen, umso mehr werden die vier Geister zusammengefügt und der Mensch, der dabei entsteht, ist der vollständige Geist.«[14]

Wenn sich im Kuss zwei Lippenpaare, die gerade noch geflüstert haben, vereinen, verstummen die Liebenden. Küsse geschehen im Schweigen. Das bringt sie in die Nähe der mystischen Erfahrung, die ja auch in Schweigen gehüllt ist. Dem Sohar wird die Oberlippe zum Symbol für das Obere im Menschen, die Geistseele – die Neschamah – die Unterlippe aber steht für die Blut- oder Triebseele – die Nefesch. Ein Kuss nur mit den Oberlippen oder nur mit den Unterlippen wäre kein Kuss. Das Obere muss im Kuss mit dem Unteren zusammenwirken und dies nicht nur in einem Lippenpaar. Ein zweites muss hinzukommen. Immer sind es vier Lippen, die sich im Kuss vereinen.

Wo zwei sich wahrhaft küssen – die beiden Urenergien miteinander verschmelzen – entsteht der vollständige Geist. Nur davon wird gesprochen und nicht etwa davon, wie man hätte erwarten können, dass einer Seele das Tor zum Eintritt ins irdische Leben geöffnet würde: Nein, die Liebenden haben sich gegenseitig ein Tor nach oben erschlossen. In ihnen leuchtet auf, was in beiden vorher schon da war, ohne den anderen aber nicht hätte erscheinen können. Durch seine Liebe zu einem anderen und durch den liebenden anderen wird der Mensch zu dem, als den ihn Gott erschaffen hat: zu Adam und Eva, ehe sie das Paradies verlassen mussten.

Die Schrift geht sparsam mit dem Wort »küssen« um – das Wort »töten« kommt fast doppelt so oft vor –, und wenn sie von Küssen berichtet, dann von denen, mit denen ein Vater seine Kinder oder ein Bruder den anderen küsst. Freundschaft unter Männern wird durch Küsse bekräftigt und Feindschaft so für beendet erklärt. Nur einmal, als die Schrift davon berichtet, dass Jakob Rahel (1. Mos. 29,11) küsste, wird von Küssen zwischen Mann und Frau gesprochen. Lesen wir das Hohelied genau, dann sehnt sich die Geliebte nur nach den Küssen ihres Geliebten – alles Konkrete darüber bleibt ausgespart, wenn auch der folgende Vers keinen Zweifel lassen kann, dass ihre Sehnsucht erfüllt wurde, und die Leidenschaft, mit der sich die Geliebte nach ihrem Geliebten sehnt, klingt in der unnötigen Verdopplung »dass er mich küsste mit Küssen seines Mundes« an.

Die Deutung, dass sich hier ein junges Mädchen nach Erfüllung ihres Liebesverlangens sehnt, weist die Kabbala keineswegs zurück. Darin aber schwingt für sie ein schwaches Echo des Verlangens der Unteren Welt nach der Oberen mit.

In der Bildersprache der Kabbala ausgedrückt, klagt und seufzt immer, wenn ein Mensch sich nach Liebe sehnt, Malkuth in und mit ihm nach ihrem Geliebten, und wann immer zwei Menschen in Liebe vereint sind, spiegelt sich darin der Glanz der heiligen Hochzeit von Tipheret und Malkuth.

Mit diesen beiden Namen sind wir dem Herzen der Kabbala näher gekommen. Die Kabbala lehrt nämlich, dass die Gottheit zehnstufig sei und über diese Stufen – den Sephirot (siehe Diagramm im Anhang)[15] – die Kaskaden der göttlichen Schaffensenergie herabströmen.

Denkbar – doch unbewiesen – ist, dass das Dogma vom dreifaltigen Gott im Christentum eine Verkürzung der kabbalistischen Lehre von den zehn Sephirot der Gottheit sein könnte. Die Ähnlichkeit ist christlichen Kabbalaforschern wie Knorr von Rosenroth[16] schon bald aufgefallen. Sie meinten deswegen, die Juden müssten doch leicht über die kabbalistische Lehre von der zehngliedrigen Gottheit zu der vom dreifaltigen Gott geführt werden können. Diese Hoffnung trog. Wahrscheinlich war die Glaubensgewissheit der christlichen Kabbalaforscher so groß, dass sie noch nicht einmal darüber nachdachten, ob nicht umgekehrt das Dogma von der Trinität auf die Kabbala zurückgehen könnte. Oder haben sie nur aus Furcht vor den Glaubenswächtern nicht darüber zu sprechen gewagt?

Die zehn Sephirot sind keine Gottheiten oder Engel oder etwa den christlichen Heiligen vergleichbar. Man darf sie nicht anbeten, darf sie nicht um Hilfe bitten, darf ihnen nicht opfern. Dies gebührt allein JHWH, dessen Name nicht ausgesprochen werden kann. Unsere Phonetisierung der vier hebräischen Konsonanten (יהוה) mit Jahwe oder Jehova ist willkürlich und für fromme Juden ein Zeichen für die Ignoranz der Christen im Umgang mit der Schrift. Wo diese vier Buchstaben in der Schrift vorkommen, werden sie im Judentum als »der Herr« gelesen. Wird von JHWH gesprochen, gebraucht man die Bezeichnung *Tetragrammaton* – das Vier-Buchstaben-Wort.

Warum diese Besorgtheit, woher die Scheu?

Weil Gott so unaussprechlich heilig ist, so weit über alles Benennbare erhaben, dass jeder Eigenname, den Menschen ihm geben, als Anspruch erscheinen muss, über ihn verfügen zu können, so wie sie eben über all die anderen Dinge verfügen, die sie benannt haben. Als Moses am brennenden Dornbusch fragte, welchen Namen er nennen solle, wenn die Kinder Israel wissen wollten, wer ihm erschienen sei und in wessen Auftrag er handele, erhielt er zur Antwort: »Also sollst du den Kindern Israel sagen: ›Ich-werde-sein‹ hat mich zu euch gesandt.« (2. Mos. 3,14)

Welche Deutungen man für diesen Ausspruch auch finden mag, eine ist unbezweifelbar: Der, der mit Moses gesprochen hat, will keinen Namen. Er will sich nicht in die Vielzahl all der anderen Götter einordnen, will sich nicht verfügbar machen wie sie.

Damit ist aber die Frage, was denn die Sephirot seien, nicht beantwortet. Warum darf man keine von ihnen anrufen oder anbeten? Die Antwort ist: Weil das dem Versuch gleichkäme, ihre Einheit zerreißen zu wollen. Zum besseren Verständnis mag ein Bild weiterhelfen. Die Sephirot sind ein Ganzes wie der Mensch mit seinen Gliedern und Organen. Welcher Liebende würde an seiner Geliebten nur die Augen, und *nur* diese, lieben und vielleicht Briefe an sie schreiben?

Wo immer der Sohar durch den Text hindurch auf die mystischen Hintergründe der Schrift schaut, erkennt er die Sephirot und ihre Hierarchie sowie ihre Beziehung zueinander. Davon macht auch seine Erschließung des Hohenliedes keine Ausnahme. Es ist deshalb sinnvoll, wenn wir hier, da wir zum ersten Mal auf die Sephirot Bezug nehmen, unsere Textinterpretation unterbrechen und näher auf die geheime Tradition der Kabbala von der zehngliedrigen Gottheit eingehen. Dazu greifen wir auf einen Sohartext zurück, wenn es auch zunächst scheinen mag, als erschwerten wir uns damit den Zugang zur geheimen Lehre unnötig und irrten wie in einem mit Spiegeln verstellten Labyrinth umher.

»Im Anfang prägte der Wille des Königs Zeichen in den zeitlosen Äther. Da trat aus den undurchdringlichen Tiefen von En-Soph ein formloser Funke hervor, eingeschlossen

כתר
חכמה
בינה
חסד
גבורה
תפארת
יסוד
נצח
הוד
מלכות

in den Ring (des Äthers). Nicht weiß war er, nicht schwarz, nicht rot oder grün, noch überhaupt von irgendeiner Farbe. Erst als er Raum und Ausdehnung annahm, brachte er Farben hervor, und ganz im Inneren des Funkens brach eine Quelle auf, aus der Farben auf alles Untere herabströmten. Doch verborgen ist er und verschlossen im Geheimnis von En-Soph. Der Funke durchbrach den Äther und durchbrach ihn doch nicht. Dies war jeder Wahrnehmung entzogen, bis vom Andrang seiner Gewalt ein einzelner Punkt aufleuchtete, verborgen und himmlisch. Jenseits dieses Punktes ist nichts erkennbar, und deshalb wird er Reschit (Anfang) genannt, das Urschöpfungswort, das das All geschaffen hat.«[17]

»Die Weisen aber werden leuchten wie der Glanz (Sohar) der Himmelsfeste und die viele zur Gerechtigkeit geführt haben wie die Sterne immer und ewiglich.« (Dan. 12,3) »Wahrlich, da war ›Sohar‹. Der Verborgene der Verborgenen war es, der in den Äther schlug und jenen Punkt aufleuchten ließ. Dann dehnte sich Reschit aus und baute sich einen Palast zum Preis und Ruhm. Darin säte er heiligen Samen zum Segen der Welt. Darauf können die Worte der Schrift bezogen werden: ›Heiliger Same ist sein Stamm‹, Same vergleichbar dem Samen der Seidenraupe, die um sich herum einen Palast webt, der beides ist: nützlich und schön. Durch Reschit baut der Verborgene der Verborgenen diesen Palast, der Elohim genannt wird, und dies ist der verborgene Sinn des Schriftwortes: ›Durch Reschit erschuf er Elohim.‹« (Jes. 6,13)

En-Soph, das anfangslos Ungewordene, von dem zu Beginn des Abschnitts gesprochen wurde, bedeutet wörtlich übersetzt *das Unermessliche*. Wenn man dafür ein anderes

Wort finden wollte, könnte man es *das Nichts-und-Alles*, *das Seiend-Nichtseiende* oder *die negative Existenz* nennen. Der innere Widerspruch dieser Bezeichnungen will lediglich deutlich machen, dass keine Spekulation in die Verborgenheit En-Sophs vordringen kann und jede Aussage darüber nur Anmaßung wäre.

Wenn wir versuchen, dem Text Schritt für Schritt nachzugehen und ihn dabei zu erschließen, will er sagen: In der verborgenen Unermesslichkeit des Zeitlosen hatte eine Bewegung eingesetzt, und aus den Tiefen En-Sophs ging ein gestalt- und formloser Funke hervor. Dieser Funke nahm Raum, Ausdehnung und Farben an – das Gestalt- und Formlose war in das Benennbare, das Zeitlose in das Zeitliche übergetreten. »Dieser Funke durchbrach den Äther und durchbrach ihn doch nicht.« Man könnte den Satz so missverstehen, dass En-Soph doch bereits von etwas Materiellen umgeben gewesen sein müsste. Das Wort Äther bezeichnet hier jedoch nichts bereits zu Materie Geronnenes. Es umschreibt vielmehr Kether – die Krone – die oberste der Sephirot. Kether ist noch von der Unermesslichkeit des Urgrundes umgeben und doch schon dem, was werden soll, zugewandt. Wenn hier gesagt wird, dass Zeichen in den Äther eingeprägt wurden, soll das heißen, dass das Werden der Welten gewollt war und sie nicht etwa von einem Demiurgen aus dem regungslosen Urschweigen herausgebrochen und in ein leidvolles Dasein gestürzt wurden.

Ein Prozess hatte begonnen. Vom Andrang des Funkens ausgelöst »leuchtete ein einzelner Punkt auf, jenseits dessen nichts erkennbar ist.«[18] Der Vorhang der Verborgenheit, die En-Soph umgibt, verhüllt auch Kether. Der Punkt aber ist Wirklichkeit. Er ist nicht mehr negative, sondern reale Existenz, und er kann benannt werden. Nach dem Verständnis der Kabbala enthüllt die Schrift selber seinen Namen, denn ihr erstes Wort lautet auf Hebräisch *be-reschit*. Das vorangestellte *be-* ist eine Präposition, die mit dem nachfolgenden Wort verschmolzen wird, die Kabbala versteht deshalb *Reschit* – Anfang – als das Urschöpfungswort, aus dem alles Gewordene hervorging.

Wenn man sich bis hierhin durchgefunden hat, lösen sich die Rätselworte des Abschnitts, mit dem wir uns den Zugang zur Sephirotlehre erschließen wollten, ohne größere Schwierigkeiten. Ähnlich der Seidenraupe, die eine Hülle um sich webt, baute Reschit einen Palast um sich. Er verschmolz mit dieser Hülle und befruchtete sie wie der Same die Eizelle. Die Kabbala nennt diese Hülle *Binah*, die obere Mutter, von der in der Schrift als Elohim gesprochen wird. So könnte der erste Satz der Schrift: *bereschit bara elohim et ha-schamajim w'et ha-eres* (Im Anfang schuf Gott Himmel und Erde) nach dem Verständnis der Kabbala auch übersetzt werden: »Mit Reschit – d.h. durch Reschit befruchtet – brachte die Obere Mutter Himmel und Erde hervor …«

Der Himmel ist für die Kabbala die Obere Welt, die Welt der Sephirot. Die oberste Triade dieser Welt bilden Kether, Chokmah[19] und Binah.[20] Die sieben unteren Sephirot sind aus Binah, gewissermaßen als ihre Kinder, hervorgegangen. Dabei kühlte sich die göttliche Energie von Stufe zu Stufe ab, bis aus ihr Malkuth[21] – die Untere Mutter – erwuchs. Aus Malkuth ging dann die sichtbare Schöpfung, die Erde, hervor.

Die alte Kabbala hat sich gescheut, diese Namen für die Stufen der Oberen Welt zu gebrauchen. Sie nennt sie umschreibend Kronen, Farben, Lichter, Pfade, Leuchter. Doch später wurde die Zurückhaltung aufgegeben und es hat sich eingebürgert, mit den eigentlich geheim zu haltenden Namen der Sephirot so umzugehen wie mit Namen von Gebirgen und Flüssen. Sie sind dabei in Gefahr geraten, zu leeren Hülsen zu werden, aus denen das Leben entwichen ist.

Die Einheit der Sephirot ist nicht statisch, sondern voller Dynamik. Oberem ist Unteres, Linkem ist Rechtes entgegengesetzt. Unendlicher Gnade und Güte stehen Einschränkendes und Richtendes gegenüber. Keins gewinnt die Oberhand über das Andere, alles strömt auf eine Mitte zu, in der es zum Ausgleich kommt. So zerbirst das göttliche Kraftfeld nicht an der Gewalt seiner Kräfte, noch fällt es in sich zusammen. Das Zentrum des Oberen, in dem alle Kräfte zusammenfließen und durch das sie im Gleichgewicht gehalten werden, ist Tipheret – Herrlichkeit.

Im Verständnis der Kabbala ist das Hohelied der Zwiegesang von Tipheret und Malkuth. Beide sehnen sich nacheinander, finden zueinander und werden wieder getrennt, denn Malkuth bleibt dem Unteren – der sichtbaren Welt, die aus ihr hervorging – zugewandt und ist mit ihr wie eine Mutter ihrem Kind verbunden. Als die Untere Welt von der Oberen getrennt wurde, ist Malkuth ihr in die Verbannung gefolgt. Dennoch ist sie eine der Sephirot geblieben und voller Sehnsucht, wieder dauernd mit der Oberen Welt verbunden zu werden. Der sehnsüchtige Ruf: »O dass er mich küsste mit Küssen seines Mundes« ist der Ruf Malkuths und erschallt aus der Fremde, in die sie mit der Unteren Welt verbannt wurde. Die Obere Welt ist in strahlendes Licht gehüllt, die Untere in Nacht getaucht. Durch Malkuth aber, die mit ihr in diese Nacht gegangen ist und nie aufgehört hat, sie als Mutter zu tragen und zu nähren, blieb auch die Untere Welt mit der Oberen verbunden.

Und das alles soll in dem so leicht verständlichen Vers des Hohenliedes mitschwingen? Die Kabbala sieht ihre Deutung durch den Gottesnamen bestätigt.

Bekanntlich gibt es in der Schrift zwei Bezeichnungen für Gott. Einer dieser Namen – Elohim – ist uns schon als ein anderer Name für Binah – die Obere Mutter – begegnet. Der andere Name ist JHWH,[22] der uns ebenfalls schon begegnet ist. Die Alttestamentler glauben, daraus zwei Traditionsstränge ableiten zu können: den Elohisten und den Jahwisten. Sie nehmen an, vor mehr als zweitausend Jahren seien jüdische Schriftgelehrte zur Endredaktion der Schrift zusammengekommen, und jeder habe das ihm Überlieferte mitgebracht. Als die Gelehrten ihre Überlieferungen verglichen, mussten sie entdecken, dass diese nur teilweise übereinstimmten. Einiges ließ sich glätten und ineinander fügen. Bei anderem jedoch war das nicht möglich. So ließ man es schließlich nebeneinander stehen, und zu dem, was man stehen ließ, gehören die Namen Elohim und JHWH.

Die Kabbala sieht das gänzlich anders. Die Theorie von den zwei – vielleicht sogar noch mehr – Traditionssträngen sieht sie als ehrfurchtslose, rationale Konstruktion an. Nein, wenn zwei Gottesnamen in der Schrift verwendet werden, so hat das eine tiefe Bedeutung.

In Elohim erkennt die Kabbala, wir erwähnten das bereits, die Obere Mutter, die Sephira Binah. In JHWH jedoch ist die ganze Obere Welt in einem Ausdruck zusammengeschlossen. Die Kabbala liest das aus den hebräischen Buchstaben, mit denen dieser Name geschrieben wird, heraus. JHWH beginnt mit J – hebräisch י geschrieben und Jod gesprochen. Jod ist der kleinste Buchstabe des hebräischen Alphabets und kann in seiner Form durchaus an einen Samen erinnern. Jod steht im Namen der Gottheit für Reschit/Chokmah, die Sephira, die sich eine Hülle baute, in die sie als Samen befruchtend eindrang. Diese Hülle erscheint in dem zweiten Buchstaben des göttlichen Namens, in H – geschrieben ה, gesprochen

He. Dieser Buchstabe hat unter dem oberen Querstrich eine kleine Öffnung – jene Öffnung, durch die Jod Einlass fand. Der dritte Buchstabe ist W – geschrieben ו – gesprochen Wav. In Wav erkennt die Kabbala Tipheret, der wie eine Klammer die oberen Sephirot an die unteren bindet und Malkuth zugewandt bleibt, die im letzten He erscheint.

In diesem Zusammenhang bleibt noch nachzutragen, dass die Kabbala häufig verschiedene Namen für das Gleiche – je nachdem, welchen Aspekt sie im Auge hat – verwendet. Das kann Verwirrung stiften. In dem gerade behandelten Zusammenhang bedeutet das, dass sich in Sulamith, Schechinah und Malkuth die gleiche Erfahrung verdichtet. Wird der Reflex des Lichtglanzes von Malkuth im Unteren wahrgenommen, spricht man von ihr als Schechinah. In Sulamith, die sich nach ihrem Geliebten verzehrt, wird hingegen Malkuth/Schechinah in einer Frau transparent. Deshalb schwingt auch immer, wenn eine Frau sich sehnsüchtig nach ihrem Geliebten verzehrt, der Ruf Malkuths darin mit.

Was in den Tiefen der Gottheit geschieht, wiederholt und spiegelt sich im Menschlichen. So verstanden ist auch die Kabbala Vereinigungsmystik. Davon spricht Rabbi Simon, wenn er sagt:

> »Und wann wird ein Mensch eins genannt? In der Stunde, wenn Mann und Weib sich finden in himmlischer Heiligkeit und in Richtung des Sinns zur Heiligung. Und merke, dass in der Stunde, wenn Mann und Weib sich in der Liebesvereinigung finden in rechter Weise: in der Richtung der Heiligung, dann wird der Mensch vollkommen und kann eins genannt werden, ohne Makel seines Wesens. Darum wolle der Mensch sich in dieser Stunde mit seinem Weibe erfreuen, in Willenseinheit mit ihr, beide wie eines

auf jenes Ziel gerichtet. Wenn sich beide so in Einheit finden, ist es volle Einheit der Seele und des Leibes. Der Seele, dass eines das andere in der Einheit des Willens berühre. Des Leibes – wie uns gelehrt wurde, dass ein Mensch, der nicht heiratet, wie ein abgespaltenes Wesen ist. Nur wenn sich Mann und Weib vereinigen und sie eine Seele und ein Leib werden, wird der Mensch eins genannt. Auf solche Weise weilt der Allheilige im ›Eins‹ und sendet den Geist der Heiligkeit in jenes ›Eins‹.«[23]

Man darf in diesem Text nicht die Forderung nach »himmlischer Heiligkeit und in Richtung des Sinns zur Heiligung« überlesen. Sie sind die Voraussetzung dafür, dass es zur vollen Einheit der Seele und des Leibes kommen kann. Es ist denkbar, dass Rabbi Simon bewusst war, er könne in die Nähe der Sexualmystik und der orgiastischen Kulte geraten, vor denen die Propheten Israel immer gewarnt hatten. Das mag ihn bewogen haben, die Notwendigkeit der Einbettung der Sexualität in das Heilige herauszustellen.

Der Gefahr, dass das Hohelied als ein Freibrief zur Aufgabe der sittlichen Normen betrachtet werden könne, versuchten seine rabbinischen Ausleger dadurch zu entgehen, dass sie es als das Lied der Liebe zwischen JHWH und Israel deuteten.

Auch einige kabbalistische Ausleger erkannten die Gefahr. Für sie war das Hohelied der Liebesgesang zwischen Tipheret und Malkuth, den die Menschen zwar hören durften, den aber selber anzustimmen und zu verwirklichen ihnen verwehrt wäre. Nach diesen Auslegern ist den Menschen die Aufgabe zugedacht, Malkuth durch Gebete und gute Taten bei dem Aufstieg zu ihrem Gemahl zu unterstützen. Sie sind gewissermaßen nur die Hausburschen und Zimmermädchen, die das hochzeitliche Haus zum Empfang des Bräutigams herrichten und das Brautgemach schmücken. Für diesen Dienst werden sie mit reichlichen Gaben durch ihre Herrin, die, bevor der Bräutigam kam, nichts hatte, was sie hätte verteilen können, belohnt. Doch während seines Besuchs hat der Gemahl sie mit Gaben überschüttet, und die gibt sie nun großzügig an ihre Dienerschaft weiter.

Diese einengende Sicht ist nur zu gut verständlich, ging doch aus der Kabbala einst Sabbatai Zwi (1626–1676), der mystische Messias hervor. Seine Bewegung hat das Judentum bis in die Grundfesten erschüttert.[24] Sabbatai erklärte sich als der verheißene Messias, mit dessen Erscheinen das Gesetz aufgehoben sei, daraufhin ließen seine Anhänger alle sittlichen Ordnungen fallen und verfielen zum Entsetzen ihrer Zeitgenossen in einen orgiastischen Taumel. Drastischer konnten die mit der Kabbala verbundenen Gefahren nicht sichtbar gemacht werden. Ähnliches darf sich nicht wiederholen.

Ungeachtet dessen aber können Texte wie die, die wir gerade gelesen haben, nicht ätherisiert werden. Der Mensch ist eine Einheit aus Leib und Seele, und so widerspricht es dem Hohenlied, wenn man es vom Irdischen abkappt. Diese Tendenz hat es, wie wir gesehen haben, schon im Judentum gegeben. Im Christentum wurde es in der Mystik als ein Zwiegesang der Seele mit Jesus, ihrem himmlischen Bräutigam, verstanden. Mit ihm wünscht sie vereint zu werden. Dazu aber muss die Seele sich von der Erde lösen, darf nichts von irdischem Gewicht mitnehmen. Kann das aber gelingen? An was könnte sie sich außerhalb des Schwerefeldes der Erde orientieren? Zum Spielball welcher Kräfte würde sie da?

Das Hohelied mit seinen Farben, Früchten und Düften bleibt auf dieser Erde. Die Alchemisten, die von der Verschmelzung des Männlichen mit dem Weiblichen im Menschen sprachen, sind seinem Wesen, seinem Kern, viel näher gekommen. Sie haben diesen Prozess in ihren Laboratorien nachzuvollziehen versucht. Sie wollten Gold herstellen – fraglich ob das je einem von ihnen gelungen ist. Das innere Gold, den Stein der Weisen, aber könnten durchaus einige in begnadeten Augenblicken gefunden haben.

Alchemie und Kabbala sind wesensverwandt, wenn es auch in der Kabbala keine Laboratorien gibt. Das Werk der Kabbalisten findet in ihrem Inneren statt. Alles, was sie an Material benötigen, dazu ihre Tiegel, Kolben und Retorten, finden sie in der Schrift. Ihre besondere Aufmerksamkeit wenden sie den hebräischen Buchstaben zu, die gleichzeitig ja auch Zahlen sind und so zu geheimen Verbindungen verschiedener Wörter mit dem gleichen Zahlenwert führen können. Schreibfehler in der Schrift sind für sie nur scheinbar Fehler, tatsächlich aber Hinweise darauf, dass sich hinter ihnen geheime Bedeutungen verbergen. Doch welche, und vielleicht gar mehrere? Durchaus, denn für jede Stelle der Schrift gibt es siebzig Auslegungen, und dieses Kontingent ist noch bei keiner ausgeschöpft. So kann sich, was mit Tiefsinn erschlossen wurde, widersprechen, und dennoch ist deswegen nicht die eine Deutung richtig und die andere falsch. Letztlich nämlich entschlüsselt der Kabbalist mit und in der Schrift sich immer gleichzeitig auch selbst.

Ganz sicher geht es der Kabbala auch darum, wenn sie in der Schrift liest, Gott gewissermaßen dabei über die Schulter zu schauen und in seinem Bauplan auf verborgene Geheimnisse zu stoßen. Das eigentliche Werk aber, das große Alkahest, ist die Wiedervereinigung des Oberen mit dem Unteren. Unter Begriffen wie das Obere und das Untere, das Rechte und das Linke wird von dem Riss gesprochen, der durch die ganze Schöpfung geht. Dort, wo aus einem ursprünglich

Einen zwei geworden sind, muss wieder eins werden. Dabei wirkt der Kabbalist mit. So gleicht er dem Schuster, der das Oberleder an die Sohle heftet, damit ein Schuh daraus werde. Was in der Schöpfung als das Obere und das Untere, das Rechte und das Linke erscheint, ist im Menschen das Männliche und das Weibliche, das es zu vereinigen gilt – und davon handelt das Hohelied.

Deswegen ist es das Heilige des Heiligen.

Die heilige Hochzeit

Von der Transparenz der göttlichen Einigung in der irdischen entdeckt der Sohar in den nächsten Versen noch mehr:

> O zieh mich doch herauf zu dir –
> nicht länger lasst uns weilen!
> Der König führt' mich in seine Gemächer.
> Da lasst uns jubeln und seiner uns freun.
> Deine Liebe, mehr als Wein preisen wir sie.
> Von denen ohne Fehl wirst du geliebt. (1.4)

Es wäre verwunderlich, wenn die bislang vorgelegten kabbalistischen Deutungen des Hohenliedes nicht Skepsis und Zweifel erweckt hätten. Doch diese Skepsis wird wahrscheinlich noch zunehmen, wenn wir jetzt den geheimen Schlüssel Atbasch anwenden, um zu dem verborgenen Sinn des gerade angeführten Verses vorzudringen.

Atbasch ist ein Kunstwort ähnlich denen, die heute aus den Anfangsbuchstaben ganzer Sätze gebildet werden. Bei Atbasch steht das A für Aleph (א), dem ersten Buchstaben des hebräischen Alphabets, das T für Taw (ת), dem letzten, B (ב) für Beth, dem zweiten, und Sch für Schin (ש), dem vorletzten. Das Prinzip von Atbasch besteht also darin, den ersten Buchstaben mit dem letzten, den zweiten mit dem vorletzten und so weiter zu paaren, bis, falls erforderlich, jeder der ›oberen‹ elf der zweiundzwanzig Buchstaben des hebräischen Alphabets mit seiner Entsprechung aus der ›unteren‹ Elfergruppe verbunden ist. In dieser Paarung kehrt der Grundgedanke wieder, dass das Obere und das Untere eins seien und das eine das andere zu erklären hülfe.

Um Atbasch anwenden zu können, wird der erste Teil eines Satzes der ›oberen‹ Elfergruppe des Alphabets zugeordnet und der zweiten die ›untere‹. Bei Hunderten, ja Tausenden von Versen der Schrift passt Atbasch nicht. Es wäre sinnlos, es mit ihm zu versuchen. Der Vers aber: »Zieh mich herauf zu dir« scheint anzudeuten, dass Atbasch passen könnte, denn hier hat ein Unteres gebeten, nach oben gezogen und wie Taw, der letzte Buchstabe, mit Aleph, dem ersten, vereint zu werden.

Nach der Lehre der Kabbala muss das Verlangen immer vom Unteren ausgehen, denn ohne den Ruf von unten bliebe das Obere stumm. Dieser Grundsatz gilt universell. So hat der Sohar für die Verse der Genesis: »Gott der Herr hatte noch nicht regnen lassen auf Erden und es war kein Mensch, der das Land bebaute. Aber ein Nebel ging auf von der Erde und feuchtete das Land« (1. Mos. 2,5 u. 6) eine unerwartete Auslegung:

»Das Aufsteigen des Nebels ist wie das Verlangen des Weiblichen nach dem Männlichen zu verstehen. Gott hatte es noch nicht regnen lassen, weil der Nebel noch nicht aufgestiegen war. Das aber ist notwendig, denn erst der Anstoß von unten ruft die Tätigkeit der Kraft von oben hervor. So steigt zunächst ja auch der Dunst von der Erde auf, um eine Wolke zu bilden. Ganz ähnlich steigt der Rauch des Opferfeuers auf und schafft Harmonie oben, so dass alles vereinigt ist, und auf diese Weise gibt es Vollendung im oberen Bereich.«[25]

Die Kabbala sieht in dem Aufsteigen des Dunstes eine kosmische Ouvertüre, in der das Hauptthema der Akteure, deren Auftritt für später vorgesehen ist, schon anklingt. Dazu geht sie auf die Erschaffung des Urelternpaars zurück und lehrt, dass sie Seite an Seite geschaffen wurden. Sie greift dazu auf die Schrift zurück und versteht die Stelle, in der von der Erschaffung Evas berichtet wird (1. Mos. 2,22), nicht wie in unseren Bibeln so, dass Eva aus einer Rippe Adams gemacht wurde. Eva entstand vielmehr aus seiner Seite. Die Stelle kann durchaus so verstanden werden, denn das hier verwendete Wort bedeutet beides: Rippe und Seite – und als Seite wird es gewöhnlich in der Schrift verstanden.

Der ungeteilte Adam war noch kein Mensch, und auch Adam und Eva waren, solange sie Seite an Seite lagen, noch keine Menschen. Erst als Dunst von der Erde aufstieg, konnte der Himmel mit Regen darauf antworten, denn jetzt war die gewaltige kosmische Mechanik in Gang gesetzt und die Schöpfung vollendet. Damit war dem Urelternpaar ein Zeichen gegeben: Adam und Eva kehrten sich einander zu – und dadurch wurden sie zu Menschen.

Es wird nicht gesagt, von wem der Anstoß dazu ausging.

Doch ist leicht zu erschließen, was Rabbi Simon, könnten wir ihn danach fragen, geantwortet hätte: Es muss Eva gewesen sein. Vielleicht hat sie geseufzt oder gelächelt, vielleicht auch hat sie die Hand Adams leicht berührt. Wie es auch war, eins ist sicher: Adam erwachte durch Eva. Wäre sie reglos an seiner Seite liegen geblieben – die Ureltern würden auch jetzt noch im Garten Eden schlummern.

Bedeutet das nicht aber letztlich, dass auch Gott noch schlafen und träumen würde, wäre er nicht durch das Untere geweckt worden? Diese Frage zielt auf den traditionellen Kern unserer Gottesvorstellung.

Wenn das Untere zum Oberen strebt, beugt sich nach dem Verständnis der Kabbala das Obere keineswegs nur aus grundloser Barmherzigkeit zu ihm, es hat vielmehr auf diesen Ruf mit der gleichen Sehnsucht gewartet, mit der er erging.

Rabbi Nehemia war diesem Gedanken schon nahe gekommen, als er sagte:

> »Wenn die Irdischen zu singen anheben, gewinnen die Oberen an Kraft, weil sie nun wissen, verstehen und begreifen können, was ihnen zuvor verschlossen war. Himmel und Erde werden so durch den Gesang der Fürsten gestärkt.«

Das Obere ist das Urbild des Männlichen, und auch von ihm kann gesagt werden: Das Männliche wird nicht eher Mann genannt, als bis es mit dem Weiblichen vereint ist.[26] Zwar wurde das zweite He aus dem Gottesnamen nie gelöscht, dennoch ist Malkuth dem Gottesnamen nicht so fest eingeschrieben wie Chokmah, Binah und Tipheret. Der Sohar hat für diesen Gedanken eine Geschichte:

»Ein König hatte einen Sohn, der ihn so erzürnte, dass er ihn aus seiner Gegenwart verbannte und ihm gebot, in ein weit entferntes Land zu ziehen. Als die Königin dies hörte, sagte sie: ›Wenn nun mein Sohn in ein weit entferntes Land ziehen muss und der König ihn aus seinem Palast verstößt, so will doch ich mich nicht von ihm trennen, sondern bei ihm bleiben und mit ihm von hier fortgehen. Entweder kehren wir beide zum Palast zurück, oder wir werden zusammen in dem fernen Land bleiben.‹
Im Laufe der Zeit vermisste der König die Königin, doch er konnte sie nicht finden, da sie ja mit ihrem Sohn fortgezogen war. Da sagte der König: ›Wohlan denn, da die Königin auch dort ist, so sollen sie beide zurückkehren.‹
Merke nun wohl, es ist die Königin, nach der der König sucht und um ihretwillen sucht er auch den Sohn.«[27]

Der Sohn ist hier das Untere, dem seine Mutter in die Verbannung folgte, und wegen der er daraus zurückkehren durfte.

An dieser Stelle berühren sich die Psychologie C. G. Jungs und die Kabbala, denn Jung hat die Verkündigung des Dogmas von der leiblichen Aufnahme Mariens in den Himmel als das bedeutendste Ereignis des 20. Jahrhunderts angesehen.[28] Für ihn wurde damit erklärt, dass die sichtbare Schöpfung durch Maria mit dem Göttlichen verbunden sei. Unausgesprochen wurde die Trinität zur Quaternität erweitert, oder, um es kabbalistisch auszudrücken, He wurde fest im göttlichen Namen verankert.

Malkuth, das He, ist zwar immer Bestandteil des göttlichen Namens geblieben, wie ja auch die Königin in der Verbannung immer Königin blieb, dennoch aber ist sie mit dem Oberen nicht ständig verbunden. Darunter leiden beide,

sie und das Obere, ebenso wie der König und die Königin unter der Trennung litten. Wie aber will der Mensch von den Leiden des Göttlichen wissen? Doch nur dadurch, dass er es in sich selbst erfährt! Allein hier kann sich das Männliche mit dem Weiblichen vereinen, nur hier die heilige Hochzeit stattfinden. Männer und Frauen mögen sich tausendmal vereinigen. Doch die äußere Vereinigung ist nur ein Schattenwurf der Inneren. Liebende aber kommen ihr nahe. Sie sind wie Anbetende und öffnen einander das Paradies. Doch das Tor, das sich ihnen öffnete, wird bald wieder geschlossen. Hinter den großen Liebenden aber, von denen die Weltliteratur weiß, schließt der Tod das Tor ab, nachdem sie es durchschritten haben.

Der Mystiker bleibt in der Nähe des Tores. Es könnte sich ja jederzeit für ihn öffnen. Ist er einmal für kurze Zeit eingelassen worden, findet er sich bald wieder auf seinem alten Platz draußen vor dem Tor, und eben diesem Am-Ziel und doch schon Wieder-auf-dem-Weg-Sein lauscht das Hohelied nach. Deswegen auch entwickelt es sich nicht auf einen Höhepunkt zu. So gibt es Augenblicke in ihm, in denen die Liebenden einander ganz nahe sind. Doch im nächsten Vers haben Verlangen und Suchen bereits erneut begonnen.

Wir haben jetzt das Schlüsselpaar Taw und Aleph aus dem Schlüsselbund von Atbasch erprobt. Dabei hat sich uns ein überraschender Ausblick auf die kabbalistische Gedankenwelt eröffnet. Nach dem Prinzip von Atbasch müsste sich dieser Ausblick noch erweitern, wenn die Buchstaben Beth und Schin zusammengeführt werden. Wir versuchen es.

Schreibt man Beth, den zweiten Buchstaben des hebräischen Alphabets als Wort aus, bedeutet es Haus. Der Buchstabe Beth (ב) hat oben und unten je einen kräftigen Querstrich. Diese beiden Striche sind durch einen dünneren Abstrich miteinander verbunden. Mit etwas Phantasie kann man in den drei Strichen die wesentlichsten Elemente eines Hauses (Dach, Boden und Seitenwand) wiedererkennen. Wir hörten schon, dass der erste Buchstabe des Schöpfungsberichts ein Beth ist. (*bereschit*, im Anfang). Die Kabbala versteht das so, dass ein Haus errichtet werden sollte, das Weltenhaus, das Urbild aller von Menschen erbauten und bewohnten Häuser. Der obere Querstrich des Beth symbolisiert dabei den Himmel, der untere die Erde und der dünne Abstrich zwischen ihnen die Verbindung, die immer noch besteht, wenn auch die ursprüngliche Einheit zerbrochen ist.

Wie im Beth, so erschließt die Grafologie der göttlichen Handschrift auch in Schin (ש), dem vorletzten Buchstaben des Alphabets, eine verborgene Botschaft.

Der Buchstabe Schin besteht aus drei nach oben weisenden Strichen, die durch einen unteren, horizontalen Strich verbunden sind. Diese nach oben weisenden Striche deutet der Sohar als drei Gänge, die den Zugang ins Innere des Palastes öffnen – zu jenen Gemächern, in die der König die Geliebte führt.

Mit dem dritten Schlüsselpaar, dem von Gimmel (ג), dem dritten Buchstaben, und Resch (ר), dem drittletzten, öffnet Atbasch den Zugang zum Inneren des Palastes und enthüllt, was dort geschieht. Wenn nämlich die Geliebte sagt: »Da lasst uns jubeln und seiner uns freun«, dann treten diese Buchstaben zwar zunächst wegen ihrer Position im Alphabet zusammen, doch deutet sich auch in ihrer Form an, dass sie zusammengehören. Das aufgerichtete Gimmel mutet männlich, das gerundete Resch weiblich an. Zudem hat Gimmel den Zahlenwert drei, der für das Männliche steht, Resch dagegen den Zahlenwert zweihundert. Darin kehrt die weibliche Zwei auf einer höheren Stufe wieder. Nachdem diese

Zusammenhänge aufgedeckt sind, heißt es im Sohar, dass die Geliebte sich jetzt ohne Scham entkleide, und die heilige Hochzeit vollzogen werde.

Und das soll in dem Text verborgen sein? Hat Atbasch nicht zunächst ein Luftschloss gebaut und es dann geöffnet? Schauen wir uns den Vers ganz nüchtern an und so, als ob er auf eine reale Begebenheit zurückginge und keine verborgene Botschaft enthielte.

Betrachten wir ihn so, dann ist es ganz offensichtlich die Geliebte, die den König bittet, ihr die Hand zu reichen und mit ihr zu fortzueilen. Ihr Wunsch wird erfüllt und der König führt sie in seinen Palast.

Dazu gleich die Frage: Ist es wirklich vorstellbar, dass ein König irgendwo außerhalb seines Palastes auf ein junges Mädchen trifft, das so in Liebe zu ihm entbrennt, dass er sie gar nicht überreden muss, mit ihm zu kommen? Es ist sie, die zur Eile antreibt!

Im Palast angekommen, hätte die junge Frau sich dann in einer Gruppe solcher wiedergefunden, »die ohne Fehl sind« und die Liebeskunst des Königs jubelnd besingen. Es liegt nahe, in ihnen die gleichen jungen Frauen zu sehen, von denen es hieß, sie liebten den König, dessen Name wie duftendes Öl ausgebreitet ist.

Hatte der König das junge Mädchen, das seine Aufmerksamkeit erweckt hatte, vielleicht in seinen Harem aufgenommen? Diese Vermutung ließe sich noch durch den Hinweis stützen, dass das hier verwendete hebräische Wort[29] in anderen Übersetzungen mit »Jungfrauen« wiedergegeben wird. Ist es wirklich vorstellbar, dass diese Jungfrauen beseligt bekennen, dass sie all die Freuden mit eben jenem Bräutigam schon erfahren hätten, denen die junge Kollegin – so müssten wir sie hier wohl nennen – jetzt entgegensieht?

Ein weiterer Widerspruch, der in die gleiche Richtung zielt, kommt hinzu: Das Hohelied ist in die Landschaft um Jerusalem und die Stadt selbst hineingestellt. Im alten Jerusalem wurde, wie in einigen Staaten des Vorderen Orient auch heute noch, den Männern ein selbstverständliches Recht auf mehrere Ehefrauen eingeräumt. Um der Gefahr eines allgemeinen Sittenverfalls entgegenzuwirken, musste dafür aber umso unerbittlicher die Bewegungsfreiheit der Frauen eingeschränkt werden. In diesem Jerusalem oder seiner Umgebung also soll ein junges Mädchen ohne männliche Begleitung umhergegangen sein und die Aufmerksamkeit des Königs – oder eines anderen jungen Mannes – erweckt haben? Die junge Frau soll dann unmissverständlich gebeten haben, mitkommen zu dürfen. Ohne Umschweife soll dieser Wunsch erfüllt worden sein, und sie sei in einen Palast, sprich Harem, eingeführt worden?

Fremd, wie uns der alte Orient ist, drängt sich diese Frage nicht gleich auf. Ist sie aber einmal gestellt, dann erscheint die gerade geschilderte Szene wie einem historischen Film entnommen, in dem die Schauspieler in antiken Gewändern Gegenwartsphantasien vorführen, jedoch zu der gelebten Wirklichkeit der Zeit, die sie darzustellen vorgeben, keinerlei Bezug haben.

Nein, da könnte die Kabbala mit ihrer Deutung dem verhüllten Sinn des Textes mindestens genauso nahe kommen.

Atbasch hat uns in dem geheimen Palast die Türen bis zur Hochzeitskammer und zur Paarung von Gimmel und Resch geöffnet. Der Sohar stellt dazu fast sachlich fest, dass sich die Geliebte jetzt ohne Scham entkleide. Das ist eindeutig! Doch werden wir damit nicht aus unseren Spekulationen herausgerissen und doch wieder in das scheinnüchterne Deutungsmuster zurückgerufen, das wir zu entkräften versucht haben?

Wir sprachen doch von Tipheret und Malkuth und ihrem immateriellen Palast! Sollte es dort Kleidung geben, die man ablegen kann?

Liebe, und gerade die körperliche, kann wie ein Glasfenster in einer nächtlichen Kapelle sein. Die Farben wirken staubig, stumpf und bleiern. Dann fällt das Morgenlicht durch sie hindurch und sie erstrahlen in fast überirdischer Schönheit. Das Obere vermag jederzeit im Materiellen transparent zu werden, und so wird das Hirtenmädchen des Hohenliedes, das sich freudig ihrem Geliebten hingibt, in die Liebe von Malkuth zu Tipheret hineingezogen. Die Bitte des Vaterunser, dass Gottes Wille im Himmel wie auf Erden geschehe, schlägt in die Hoffnung um, dass die Liebe auf der Erde bis in den Himmel reiche.

Erotik und Mystik sind Zwillingsschwestern, und deswegen ist der körperliche Vollzug einer tief empfundenen Liebe ein Sakrament und hebt sie hoch über die Bindung an die Schwerkraft des Unteren hinaus. Da sie gleichzeitig aber auch ein physiologischer Vorgang ist, kann sie, so hoch sie hinaufführte, um so tiefer nach unten reißen und zur Marktware und zum Verbrechen werden. Das gehört zum unentrinnbaren Sowohl-als-auch des Unteren, und zu dieser dunklen Seite führt uns die vierte Paarung.

Der Sohar entwickelt sie aus dem Satz: »Mehr als Wein preisen wir deine Liebe.« Dabei werden Daleth (ד), der viertoberste und Qof (ק), der viertletzte Buchstabe, gepaart. Bis jetzt sind die Verknüpfungen wie zwei Töne in einem Akkord verschmolzen. Bei Daleth und Qof aber kommt es zu einer scharfen Dissonanz.

Hinter Qof erkennt der Sohar nämlich Sitra Achra, den Widersacher. Sitra Achra bedeutet wörtlich übersetzt: die andere Seite. Die Kabbala verwendet dieses unverfängliche

Pseudonym für den Satan. Er könnte sich ja gerufen fühlen, wenn er seinen Namen hört.

Qof hat sich durch seinen tief herunterreichenden Abstrich verraten. Es hat sozusagen einen Schwanz wie der Böse, der in der Gestalt der Schlange im Paradies an Eva herantrat. Die Geliebte erkennt die Gefahr, die ihr und ihrer Liebe droht. Sie sieht nur einen Ausweg. Sie muss, damit Sitra Achra von ihr ablässt, gänzlich unansehnlich werden, ablegen, was sie schön und anziehend macht. Diese Möglichkeit ist im Buchstaben Daleth angelegt. Schreibt man Daleth nämlich aus, kann es, da das Hebräische oft ohne Vokale geschrieben wird, auch als *deluth* gelesen werden, und dann bedeutet es: arm, schwach, gering, unansehnlich. In dieser Tarnung entkommt Sulamith Sitra ihrem Verfolger und bewahrt sich für ihren Geliebten.

Ist das alles nun schließlich aber doch nichts anderes als kindliche Lust am Fabulieren und sich selbst überlassene Phantasterei? Versuchen wir, Sinn in dem zu finden, was zunächst nichts als ein unernstes Spiel zu sein scheint. Dazu fragen wir: Sollte es wirklich nur der lange Abstrich des Buchstaben Qof sein, der Sitra Achra in die Szene rief? Ganz sicher nicht. Wie aber hätte der Sohar sonst seine Anwesenheit bemerken können? Die hochzeitliche Szene strömte doch über von reinem Glück und ungetrübter Freude! – War es aber nicht vielleicht gerade das? Glück ist wie eine ansteigende Welle, die, wenn sie ihren Scheitelpunkt erreicht hat, sich überschlägt und bricht. Wer wüsste das besser als Sitra Achra? Der Glückliche ist leicht unglücklich und blind für den Widerschein des Oberen im Unteren zu machen. Sein Glück war ihm dann nichts als eine Illusion, und sein Unglück ist ihm nun die wahre Realität. Doch wer ist Sitra Achra?

Man darf sich durch den Namen nicht verleiten lassen, anzunehmen, er sei ein personenhaftes Wesen. Eher lässt er sich als negative Energie oder Kraft verstehen, oder, um ein Bild zu gebrauchen: Er gleicht der Luft in einem überfüllten Raum, die voller Krankheitserreger ist, die jene befallen, die sich ihrer nicht erwehren können.

Wenn die Kabbala Sitra Achra nicht für ein personenhaftes Wesen hält, warum spricht sie dann von ihm, als ob er eins wäre? Sie unterscheidet sich hier nicht von der Astrologie, die ja auch personen- und bildhafte Bezeichnungen benützt. Wassermann, Jungfrau und Schütze sind ebenso wenig Personen, wie der Steinbock, die Fische, der Krebs, der Löwe und der Skorpion Tiere sind. Ähnliches lässt sich von den Archetypen bei C. G. Jung sagen. Auch sie sind Kräfte und Energien, allerdings nicht solche der Gestirne und ihrer Konstellationen, sondern des Unbewussten.

In der Psychologie Jungs wäre Sitra Achra der Archetyp des dunklen Bruders oder des Schattens, in dem die negativen Kräfte verdichtet sind. Möglicherweise ist Sitra Achra mehr als nur innermenschliche Energie, denn sieht es oft nicht so aus, als ob eine Strategie hinter den Kriegen, Unruhen und Aufständen stünde, mit denen sich die Menschen selber heimsuchen? Verfolgt man zurück, wie es dazu kam, stößt man meist auf Weggabelungen, an denen sich die Verantwortlichen auch anders hätten entscheiden können. Doch wie von einem bösen Dämon beraten, haben sie dann die Alternative gewählt, die auf die Katastrophe zuführte. Nur scheinbar haben sie eine einsame Entscheidung getroffen. Tatsächlich hatte sich zuvor das Unbewusste von Millionen miteinander verkettet, und darin hatte sich Sitra Achra wie ein Computervirus eingenistet.

Welches Interesse aber könnte er an Massenverelendung,

an Völkermord, an Hunger und Elend haben? Sadistische Freude an Schmerzen und Leid? Das wären viel zu kurz gesteckte Ziele. Es geht ihm darum, die Gegenwart Gottes unter den Menschen zu verfinstern, den Widerschein des Oberen im Unteren auszulöschen und das Verlangen des Unteren, wieder mit dem Oberen vereint zu werden, auszutilgen. Für diese Sehnsucht des Unteren nach dem Oberen steht aber die Schechinah, und so richten sich alle Angriffe Sitra Achras gegen sie, und wenn immer möglich, greift er sie in ihrer ureigenen Domäne – der Liebe – an. Tausende und Abertausende sind in Beziehungen gefangen, in denen einer des anderen Sitra Achra ist. Doch auch sie waren einmal vom Glück ihrer Liebe ganz erfüllt. Lassen sich schließlich nicht auch die Bakterien und Viren, mit denen Aids, Syphilis und andere venerische Krankheiten verbreitet werden, als zynische Morgengabe Sitra Achras verstehen?

Bevor wir diese Überlegungen anstellten, war der Sohar in Verdacht geraten, kindlicher Lust am Fabulieren erlegen zu sein. Jetzt aber sehen wir, dass am Boden dessen, was Unsinn zu sein schien, Lebensweisheit sichtbar wird. Sitra Achra gehört wie der Schatten zum Licht, und war das nicht schon von Anbeginn so? Denn gerade noch hatte Gott von seiner Schöpfung gesagt, sie sei sehr gut, da trat die Schlange im Paradies auf.

Der Buchstabe Qof kann noch näher an das Geheimnis des Bösen heranführen. Dazu muss kurz auf die Besonderheit der hebräischen Schrift eingegangen werden, die jedem Buchstaben auch einen Zahlenwert zuordnet. Qof, hinter dem sich Sitra Achra verbirgt, hat den Zahlenwert 100. Darin erscheinen die uranfänglichen Eins und die ordnende Zehn gewissermaßen in einer höheren homöopathischen Potenz. Das hebt Qof aus allen anderen Zeichen heraus. Beides ist darin beschlossen: Verwandtschaft und Absonderung. Welch zerstörerische Rolle Qof auch angenommen hat, es gehört zu den 22 Urzeichen, aus denen der ungeheuere Code zusammengesetzt ist, der die Schöpfung formt und immer noch steuert. Wie aber kam dieser Buchstabe in die heilige Allianz und warum wurde er nicht ausgelöscht?

Qof als negative Kraft ist die kabbalistische Entsprechung des Mephisto, der im *Faust* von sich sagt, er sei »ein Teil von jener Kraft, die stets das Böse will und doch das Gute schafft«. Als Schatten gibt er dem Erscheinenden Kontur, als Dissonanz den Harmonien Glanz, als Niederträchtiges dem Hochherzigen Hintergrund.

Doch die Andere Seite ist mehr als die dunkle Folie, vor der sich das Gute um so heller abhebt. Nach der Kabbala ist die Andere Seite, ein von der richtenden göttlichen Kraft abgesprengter Funke, der meteorgleich seine Bahnen zieht. Eine solche Kraft kann nicht vernichtet, sie kann nur dem Ganzen wieder eingefügt werden.

Davon spricht die fünfte und letzte Paarung. In ihr erscheint die Schechinah unter ihrem eigenen Namen als He (ה), jenem Buchstaben, der zweimal im Gottesnamen JHWH vorkommt und beide Male für das Weibliche steht.

He wird in dieser Paarung mit Zade (צ) zusammengeführt. Zade gehört zu jenen Buchstaben, die am Ende eines Wortes eine besondere Schreibweise haben. In der Form dieser Endschreibung von Zade (ץ) entdeckt der Sohar einen Galgen, und zwar jenen Galgen, an dem Haman (Esther 7,9) gehenkt wurde. Haman ist aber niemand anderer als Sitra Achra.

Sulamith konnte sich vor Sitra Achra nicht auf Dauer verbergen. Er stellte ihr weiter nach. Erst als er sich dem Galgenzeichen gegenüber sieht, ist er an eine Grenze gekommen, die er, weil sie durch eine höhere Ordnung geschützt ist, nicht überschreiten kann. Mag es auch oft so ausgesehen haben, er sei kurz davor, das zweite He aus dem Namen Gottes zu brechen und sich der Schechinah zu bemächtigen: die Ordnung der oberen und der Unteren Welt kann er nicht zerstören.

Damit ist scheinbar das Schauspiel in fünf Akten, zu dem uns Atbasch führte, beendet, doch eben nur scheinbar, denn wir sind bis jetzt nur der Bedeutung der Schreibweise nachgegangen, die Zade am Wortende annimmt. Bevor wir jedoch auf die Bedeutung, die die Kabbala für die Schreibweise von Zade am Wortanfang, bzw. in der Wortmitte gefunden hat, eingehen, soll eine Geschichte aus dem Sohar eingeflochten werden.

> »Als der Allheilige, gepriesen sei Er, die Welt erschaffen wollte, waren alle Buchstaben noch verborgen, doch zweitausend Jahre, bevor Er die Welt erschuf, prüfte sie der Allheilige, gepriesen sei Er, und fand Gefallen an ihnen. Als Er dann die Welt erschaffen wollte, traten alle Buchstaben vom Ende bis zum Anfang vor ihn.«

Jeder Buchstabe legte dar, warum denn die Welt gerade durch ihn erschaffen werden sollte. Als die Reihe an Zade kam, sich vorzustellen, sagte sie:

> »Möge es Dein Wille sein, Herr der Welten, die Welt durch mich zu erschaffen, denn die Gerechten[36] sind mit mir versiegelt, und auch Du, der der ›Gerechte‹ genannt wirst, bist mit mir versiegelt, steht doch geschrieben: ›Denn der Herr ist gerecht und er liebt Gerechtigkeit‹ (Ps. 11,7), und so ist es angebracht, dass die Welt durch mich erschaffen wird.

Er sagte zu ihr: Zade, wahrlich gerecht bist du und ›Gerechtigkeit‹ ist dein Name, aber du musst verborgen bleiben und nicht enthüllt werden, damit die Welt keine Gelegenheit zur Anklage hat.«

Zade und all die anderen Buchstaben bis auf Beth wurden zurückgewiesen, und schließlich wurde die Welt durch Beth erschaffen.[30]

Zade ist also das Zeichen für Gerechtigkeit, und dieses Zeichen tritt auf der letzten Stufe mit He zusammen. Überschauen wir das Geschehen noch einmal:

Auf der ersten Stufe wurden Aleph und Taw zusammengeführt – der sehnsüchtige Ruf der Schechinah wird von Tipheret, dem König, gehört. Er reicht ihr seine Hand.

Auf der zweiten Stufe treten Beth und Schin zusammen – der König führt die Geliebte in seine Gemächer.

Auf der dritten Stufe findet mit der Paarung von Gimmel und Resch die Heilige Hochzeit statt.

Auf der vierten wird die Schechinah – Daleth – durch Sitra Achra, symbolisiert durch Qof, bedroht.

Auf der fünften – einer Doppelstufe – tritt die Schechinah, jetzt in der Gestalt von He, unverhüllt in Erscheinung und begegnet Zade, einem der Buchstaben mit zwei Schreibweisen.

Wie in der Alchemie der Stein der Weisen durch die Quintessenz[31] gefunden wird, so wird hier nach fünf Wandlungsstufen das Ziel erreicht. Alchemistisch ausgedrückt, könnte man sagen, Zade hat Daleth von noch anhaftenden Trübungen gereinigt, so dass He in Vollendung aus den Zeichen hervortreten konnte, hinter denen sie zuvor verborgen war.

Als Galgenzeichen steht Zade für den richtenden Aspekt der Gerechtigkeit, für das Schwert, das bis ans Weltenende so unverzichtbar bleiben wird wie die Pflugschar. Die Schreibweise von Zade am Anfang oder in einem Wort enthüllt jedoch noch einen anderen Aspekt. Die Form, die hier Zade (צ) annimmt, erinnert die Kabbala an einen Angelhaken, mit dem Fische aus ihrem dunklen, kalten Element nach oben, ans Licht, gezogen werden. Man kann darin aber auch einen Anker sehen, der ein Schiff, das sonst abgetrieben würde, am Grund festhält. Diese Deutungen widersprechen sich nicht. Im Gegenteil sie ergänzen sich, wie wir noch sehen werden.

Doch zunächst einmal sieht es so aus, als ob hier Symbole, die nichts miteinander zu tun haben, in einen Sinnzusammenhang gezwungen werden sollten. Zade als abschreckendes Galgenzeichen und Zade als Angelhaken oder Anker – wo führt von da der Weg zur Gerechtigkeit, für die ja beide Zeichen, jedes auf seine Weise, stehen sollen?

So abwegig es zunächst auch scheinen mag: Zwischen der Gerechtigkeit im menschlichen Miteinander und einer mathematischen Gleichung besteht eine gewisse Ähnlichkeit. Eine mathematische Gleichung kann nur gelöst werden, wenn es bei den Lösungsschritten ›gerecht‹ zugeht. Wird der einen Seite etwas genommen, muss es auch der anderen genommen werden. Nur wenn die Harmonie der beiden Seiten gewahrt bleibt, lässt sich eine Gleichung lösen. Das Wort Harmonie wurde hier nicht von ungefähr gewählt, denn die Lösung einer Gleichung kann geradezu als Kunstwerk erlebt werden. Mathematik ist eine der reinsten Abglänze der Oberen Welt in der Unteren.

Das wird bei den Lösungen der Gleichungen im menschlichen Miteinander nicht erfahren. Geht dort die Gleichung schließlich auf, wurde also eine Lösung gefunden, so ist darum gekämpft worden. Dabei sind oft bittere Gefühle und

Zorn aufgekommen. Das beste, was man vom Kampf um Gerechtigkeit sagen kann, ist, dass er fair und mit Anstand geführt wurde. Ein Kunstwerk aber war er nicht.

Damit können wir wieder zu den zwei Zades zurückkehren. Das Schlusszade (ץ), das Zeichen, das dem Treiben Sitra Achras ein Ende setzte, steht für den Kampf um Gerechtigkeit in der Unteren Welt. Der Allheilige hatte ja zu Zade gesagt: »Wahrlich gerecht bist du und ›Gerechtigkeit‹ ist dein Name, aber du musst verborgen bleiben und nicht enthüllt werden«, und, so können wir in unseren Worten ergänzen: »Du musst so verborgen bleiben wie die sechsunddreißig Gerechten, die zu allen Zeiten in der Welt gelebt haben und noch leben. Wegen ihnen wird sie erhalten, sie sind das Fundament auf dem sie ruht.« Oder anders ausgedrückt und mit der Deutung von Zade als Anker verknüpft: »Diese sechsunddreißig Gerechten sind es, die, unsichtbar und verborgen wie ein Anker, das Weltenschiff immer noch festhalten und es davor bewahren, an den Klippen zu zerschellen oder hinaus ins offene Meer getrieben zu werden.«

Niemand kennt die Sechsunddreißig, auch die, die zu ihnen gehören, wissen nichts davon. Tausende sind es, denen irgendwann einmal die Fackel der Gerechtigkeit, das Licht der Oberen Welt in der Unteren, anvertraut wurde und die es nicht verlöschen ließen. Oft leugnen gerade sie die Existenz einer Oberen Welt, und dennoch treten sie für sie ein. Sie sind von oben berufen und geadelt, denn »der Name Elohim bedeutet nach der Überlieferung Gott in seiner Eigenschaft als Gerechtigkeit. Gerecht im Sinne von Aufrechterhalten der Harmonie, der Harmonie der Einheit, welche die Welt instand hält.«[32]

Und warum sind es immer sechsunddreißig, diese Zahl gehört doch nicht zu jenen wie die Eins, die Sieben, die Zehn oder die Zwölf, die in der Schrift über ihren reinen Zahlenwert hinaus die Obere Welt in der unteren transparent machen? Vielleicht ist es die 9, die mit 4 multipliziert 36 ergibt. Die 9 ist ›standhafter‹ als alle anderen Zahlen. Multipliziert man nämlich 9 mit irgendeiner beliebigen Zahl, so ist die Quersumme immer 9 oder ein Mehrfaches davon.[33]

Warum aber wird 9 mit 4 multipliziert? 4 ist die Zahl der Unteren Welt – vier Himmelsrichtungen, vier Jahreszeiten, vier Elemente. Welcher Einwirkung durch die 4 der unzerstörbare Kern auch ausgesetzt wird, er hält stand. Keine Manipulation (Multiplikation) kann ihm etwas anhaben. Die verschiedenen Gestalten (Quersummen), in denen er erscheint, sind nur Hüllen der gleichen, unzerstörbaren Substanz. So sagt es auch die Schrift: »Der Gottlose ist wie ein Wetter, das vorübergeht und nicht mehr ist, der Gerechte aber hält stand.« (Sprüche 24,10)

Die deutschen Wörter ›gerecht‹ und ›Gerechtigkeit‹ rufen unwillkürlich Assoziationen an ›richten‹, ›Richter‹ und ›Gericht‹ hervor, mit denen sie ja auch verwandt sind. Dadurch aber wird ein Bedeutungsgehalt abgetrennt, der im Griechischen mit Dike verbunden ist. Dike ist eine der drei Horen und Tochter des Zeus. Sie wacht einerseits darüber, dass in den Gerichten Recht gesprochen wird, doch darüber hinaus ist ihr auch die Ordnung des Kosmos anvertraut. Sie sorgt dafür, dass die Gestirne ihre Bahn einhalten und Tag und Nacht einander geordnet ablösen.

In der Unteren Welt muss um Gerechtigkeit und Ordnung gekämpft werden. Das Gleichgewicht, das heute geschaffen wird, ist morgen bedroht. In der Oberen Welt gibt es zwar auch Bewegung und Dynamik, doch die führen nicht zu Ungerechtigkeit und Auflehnung dagegen. Es ist wie bei einer Fuge von Johann Sebastian Bach, in der kein Ton aus der

Harmonie des Ganzen fällt. Gerechtigkeit in ihrer reinsten Form ist die Schönheit der Oberen Welt.

Wir sagten schon einmal, dass das Zentrum des Oberen, in dem alle Kräfte zusammenfließen und durch das sie im Gleichgewicht gehalten werden, Tipheret – Herrlichkeit – sei. Diesen Namen für das Zentrum der Sephirot hat die Kabbala in der Schrift gefunden.[34] Tipheret wird dort meist mit Herrlichkeit übersetzt, könnte aber auch mit Schmuck, Zier, Pracht wiedergegeben werden. Damit würde noch deutlicher, dass für die Kabbala das Zentrum der Gottheit ihre Schönheit ist. In Tipheret ist diese Schönheit verdichtet, von hier strahlt sie auf die anderen Sephirot, vor allem auf Malkuth, über, und von Malkuth fällt ein Abglanz davon auf die Untere Welt.

In der schier unendlichen Flut der abendländischen theologischen Auseinandersetzung lassen sich zwei Hauptströmungen ausmachen. Die eine geht davon aus, dass Gott das absolute Gute sei, die andere sieht in ihm die Wahrheit an sich. Die erste Strömung bildete bis zum vorigen Jahrhundert Strudel um Sünde und Vergebung. Der zweiten Strömung ging es um dogmatische Fragen wie etwa um die jungfräuliche Geburt Mariens oder darum, wie das Abendmahl zu verstehen sei. Beide Strömungen haben an Bedeutung verloren. Geblieben ist heute nur noch ein Seitenarm der ersten Strömung: die Frage nach der sozialethischen Verantwortung des Einzelnen und der Gesellschaft. Da es dabei nach der christlich-humanistischen Tradition keine wesentlichen Gegensätze geben kann, ebnen sich die Unterschiede zwischen den christlichen Traditionen mehr und mehr ein. Doch die hätten gar nicht erst aufkommen müssen, wäre Theologie vor allem auf Gott als das absolut Schöne hin betrieben worden.

Der Unterschied in der Schreibweise von Zade, je nachdem, ob es in einem Wort bzw. an seinem Anfang oder am Ende geschrieben wird, führte uns zu einer überraschenden kabbalistischen Erkenntnis: Das Streben nach Gerechtigkeit in der Unteren Welt ist einer der Versuche, Harmonie und Ordnung der Oberen Welt, die wesenhaft Schönheit ist, hier nachzubilden.

Das Schöne aber muss nicht nur aus und mit den Möglichkeiten des Unteren durch den Menschen nachgeschaffen werden. Zunächst findet es sich hier vor. Es begegnet uns auch unmittelbar und am intensivsten im Erleben der Schönheit eines geliebten Menschen, einer Landschaft oder eines Kunstwerks. Es ist dann wie das Wiederfinden von etwas Kostbarem, das man verloren hatte, oder wie die Heimkehr aus feindseliger Fremde an einen Ort, wo man wortlos verstanden wird. Die Erfahrung des Schönen dringt zu unserem Wesenskern vor, erweckt und entzündet ihn. Da ist nicht mehr der Mensch, der seine Tage mit Hunderten von kleinen oder großen Aufgaben und oft mit lästigen und belanglosen Pflichten verbringt, der häufig missmutig und unzufrieden mit sich selbst ist, sondern der, der er im tiefsten Inneren ist. Diesem Menschen ist für eine kurze Zeit die Obere Welt geöffnet worden und – dabei hat er sie sie in sich selbst erfahren! Doch was ist innen, was ist außen? In der Schönheit sind beide wieder für einen kurzen Augenblick eins.

Ist es da verwunderlich, dass Sitra Achra geradezu davon besessen ist, das Schöne zu zerstören? Er will das Obere vergessen machen. Wenn nur die Wege, die dahin führen, überwuchern und die Zeichen, die von ihm künden, nicht mehr verstanden werden, ist das Ziel nahe. Beim Verschmelzen mit dem Schönen beim Anblick eines schönen Menschen oder einer schönen Landschaft kann Sitra Achra nicht – noch

nicht – ansetzen, dafür ist das den meisten Menschen angeborene Schönheitsempfinden zu stark. Beim Schönen der Kunst aber kann er zum Angriff übergehen. Hier wirkt die Freude am Zerstören, der Stolz, Überkommenes durch Travestie zu besiegen, wie eine Droge, die ständig nach höherer Dosierung verlangt.

Sitra Achra lässt sich diese Gelegenheit nicht entgehen.

»Schwarz bin ich, und doch bin ich schön.«

Für keinen Vers des Hohenliedes gibt es im Sohar ha-dash so viele und voneinander abweichende Deutungen wie für den fünften, dem wir uns jetzt zuwenden wollen. Gerade diese Deutungen öffnen den Ausblick auf den Horizont, in den die Kabbala das Hohelied hineinstellt, besonders weit. Wir können sie also auf keinen Fall übergehen, sehen es aber für ratsam an, ihnen noch einige grundsätzliche Überlegungen und Einsichten vorauszuschicken.

Wenn der Kernsohar sich mit einer Schriftstelle, zu der er mehrere Deutungen kennt, beschäftigt, dann legt er diese Deutungen jeweils einem anderen jener gelehrten Rabbis, die sich zu ihrem schier endlosen Rundgespräch zusammengefunden haben, in den Mund. Auf diese Weise wird es dem

Leser erleichtert, die verschiedenen Deutungen voneinander abzugrenzen und Abweichungen einer Deutung von den anderen dem Rabbi zuzuschreiben, der sie vorgetragen hat. Oft ergreift auch Rabbi Simon, Haupt und Meister der mystischen Rabbis, das Wort und trägt noch eine tiefer greifende Deutung vor. Wenn er auch damit nicht beabsichtigt, die unterschiedlichen Auffassungen seiner Gefährten als irrig zu erklären – für jede Stelle der Schrift soll es ja siebzig Deutungen geben –, so gibt er doch eine aus umfassenderer Einsicht stammende Orientierung.

Der Sohar ha-dash folgt im Prinzip dieser ›Lehre im Gespräch‹, doch tauschen in ihm vor allem der Prophet Elia and Rabbi Simon ben Jochai ihr Wissen um die Obere Welt und ihrer Widerspiegelung im Hohenlied aus. Dadurch wird der Sohar ha-dash zweifach ausgezeichnet, einmal nämlich kommt seinen Deutungen, weil sie vom Propheten Elia vorgetragen werden, ein ganz besonderes Gewicht zu, und zum anderen wird damit Rabbi Simon dadurch ausgezeichnet, dass ihn der Prophet Elia würdigt, das Gespräch mit ihm auf gleicher Stufe zu führen.

Werden im Sohar ha-dash zur selben Stelle weit auseinander liegende Deutungen vorgetragen, erklärt der Prophet nicht mit dem Gewicht seiner Autorität eine als die allein richtige. Das Prinzip der vielen gleichberechtigt nebeneinander stehenden Deutungen wird nicht angerührt. Welche soll nun aber gelten? Alle, denn Auslegungshoheit gibt es im ganzen Sohar nicht.

Dazu kommt noch, dass der Sohar ha-dash – wie der Kernsohar auch – oft sein Wissen über die Obere Welt in Erzählungen vorträgt. Man könnte diese Kurzgeschichten auch als Anekdoten bezeichnen, vorausgesetzt, man überhört den in diesem Zusammenhang etwas ironisch klingenden Nebenton. Uns erscheinen diese Anekdoten aus der Oberen Welt befremdlich, zumal der Sohar ha-dash von ihnen so spricht, als gehörten sie zum Kanon der Schrift, seien aber nur der kabbalistischen Tradition bekannt. Verlangt er, dass wir sie wörtlich nehmen? Natürlich nicht. Jeder dieser kleinen Erzählungen könnte man den Halbsatz voranstellen: »Es ist, als ob …« Es handelt sich bei ihnen um Gleichnisse, erzählerische Einkleidungen der Lehre, wie sie auch aus dem Neuen Testament bekannt sind.

Uns, die wir durch die Schule der Griechen gegangen sind, ist dieses Denken in Bildgeschichten fremd geworden. Es erscheint uns unernst und seinem Gegenstand unangemessen. Wir fühlen uns wie in Mäandern von der Unteren Welt in die Obere geführt, nur um, kaum dort angekommen, alsbald wieder nach unten geschickt zu werden.

Dabei kann einem leicht schwindlig werden. Vielleicht tut uns diese Art des Denkens aber auch gut. Sie lockert die straff gespannte Kette von Ursache und Wirkung, die zwar im schmalen Gebiet der Naturwissenschaften unentbehrlich ist, die aber, legt man sie Gott und der Seele an, beide erwürgt.

Der fünfte Vers des Gedichts lässt bei unbefangenem Lesen nicht erkennen, wie viel geheimes Wissen die Kabbala in den Worten: »Schwarz bin ich, und doch bin ich schön, ihr Töchter Jerusalems, gleich den Zelten Kedars, den Zeltvorhängen Salomos«, entdecken könnte.

Ein eigentümlicher, schwer verständlicher Vergleich. Kein Dichter würde heute ein Bild wählen, das so weit ab von dem zu liegen scheint, was es verdeutlichen soll. Es hat, so erklärt man es sich, in der so gänzlich anderen Welt, der es entstammt, nahe gelegen. Damit ist es erklärt und man geht nicht weiter darauf ein. Gerade durch diesen Vers aber blickt der Sohar bis in den Schöpfungsmorgen.

Kedar, dessen schwarze Zelte hier als Vergleich genannt werden, ist der zweite der zwölf Söhne Ismaels, jenes Sohnes, den Abraham mit Hagar zeugte, weil Sarah, seine Frau, unfruchtbar war. Schließlich aber wurde Sarah doch noch im hohen Alter Mutter und gebar Isaak. In der Schrift wird von allen Söhnen Ismaels nur Kedar öfter erwähnt – und immer als ein Feind Israels. Diese negative Rolle fiel Kedar wegen seines Namens zu; denn *kedar* bedeutet schwarz, finster, trübe. So sind die schwarzen Zelte Kedars nur vordergründig Nomadenunterkünfte. Tatsächlich sind sie Behausungen Sitra Achras, und deswegen findet der Sohar für den Vers: »Ich bin schwarz wie die Zelte Kedars« die Deutung: Damit wird auf die Nachkommnen der Hagar angespielt, deren Gesicht allezeit schmutzig und geschwärzt ist. Doch wenn Sulamith fortfährt und sagt »… und doch bin ich schön«, dann will sie damit sagen: »Schön wie die Vorhänge Salomos – wie das Leuchten der Himmel.«[35]

Bei den »Vorhängen Salomos« denkt der Sohar nicht etwa an Vorhänge im königlichen Palast. Die Vorhänge, die *jeri'oth*, von denen hier die Rede ist, sind Planen oder Stoffbahnen, mit denen man Zeltgerüste bedeckt. Luther gebraucht in seiner Psalmenübersetzung für sie das Wort ›Teppich‹: »Licht ist dein Kleid, das du anhast, du breitest den Himmel aus wie einen Teppich.« (Ps. 104,2)

So ungewöhnlich das Bild auch ist, eins ist offensichtlich: Es will die schwarzen Zelte Kedars in einen scharfen Gegensatz zu den strahlend weißen Zeltbahnen des Himmels stellen.

Was aber könnte das bedeuten? Zwei Antworten sind möglich, und unversehens stehen wir mit ihnen an einer Weggabelung. Einmal nämlich kann man den Vers so verstehen, als ob Sulamith sagen wollte, ihre Kleidung möge jetzt zwar abgerissen aussehen, sie selbst sei zudem durch die Sonne verbrannt und durch den Staub des trockenen Graslandes, auf dem sie Ziegen und Schafe hütete, verschmutzt. Würde sie sich aber waschen und ein Festtagskleid anlegen, dann wäre sie schön.

Man könnte ihn aber auch so deuten, als wollte sie sagen: »Ich gehöre zu beiden Bereichen, dem nächtlich dunklen, wo die schwarzen Zelte Kedars stehen, und dem strahlend hellen der Oberen Welt.«

Nach der ersten Deutung wäre sie eine biblische Schwester des Aschenputtels. In der zweiten jedoch wäre sie sich ihrer Doppelnatur bewusst geworden. Dazu könnte einem die Begegnung Parzivals mit seinem Halbbruder Feirefiz, jenem schwarz-weißen Ritter einfallen, mit dem er zunächst einen Waffengang auf Tod und Leben führte, bis sie ihre Verwandtschaft entdeckten. Schwarz und Weiß waren nur vordergründig die Wappenfarben von Feirefiz, tatsächlich beschrieben sie sein Wesen, in dem sich das Dunkle und das Helle gegenüberstanden und auf Versöhnung warteten. Auch Goethe wusste von dieser Doppelnatur und ließ Faust dazu in der Szene vor dem Tor ausrufen: »Zwei Seelen wohnen, ach, in meiner Brust.«

Wer der ersten Deutung folgt, kommt nicht weiter als bis zu den Zelten Kedars und bleibt fortan in ihrem Umkreis. Für ihn ist das Hohelied nichts als ein poetischer Zwiegesang, das früheste Liebesgedicht der Weltliteratur und vielleicht das schönste dazu. Seine Szenerie ist allein das Diesseits. Die zweite Deutung aber führt an eine Stelle, an der sich eine neue Dimension öffnet. Die Kabbala hört durch die Worte Sulamiths die Stimme Malkuths und lässt sie sagen:

> »Schwarz bin ich von der Seite der oberen Dunkelheit, das ist die linke Seite, bevor sie sich mit der rechten verbindet.

> Dort war ich in meinem ersten Zustand, deswegen bin ich schwarz, doch schön von der Seite des Lichts, von Hesed, der der Erstgeborene des Lichtes ist.«[36]

Der Kabbala mag sich hier zwar eine neue Dimension aufgetan haben, doch der Sinn der Sätze, die sie Malkuth in den Mund legt, ist dunkel. Wir müssen einige Schritte weitergehen, um klarer zu sehen. Dazu ist es notwendig, die Sephirotlehre der Kabbala, die wir in Umrissen bereits dargestellt haben,[37] noch etwas weiter zu entfalten.

Die Sephirot sind in Dreiergruppen gegliedert (siehe dazu das Schema im Anhang, Seite 188). Die oberste Triade bilden die Sephirot Kether, Chokmah und Binah. Chokmah und Binah stehen unter Kether nebeneinander auf der rechten und linken Seite. In der zweiten Reihe darunter finden wir auf der rechten Seite Hesed, auf der linken Seite Geburah, etwas tiefer darunter, in der Mitte, Tipheret, das Herz des Sephirotbaums. Tipheret ist mit Nezach und Hod in einer weiteren Triade verbunden. Das Prinzip der Dreiergruppierung wiederholt sich, wenn man die Sephirot in ihrer vertikalen Anordnung betrachtet. Dann haben wir auf der rechten Seite Chokmah, Hesed, Nezach, in der Mitte Kether, Tipheret und Jesod und auf der linken Seite Binah, Geburah und Hod. Malkuth hat eine Sonderstellung, auf die wir bald eingehen werden, unterhalb des Sephirotbaumes. Sie ist nicht so in das System wie die anderen Sephirot eingebunden. Sechs der Namen für die Sephirot hat die Kabbala, wie bereits erwähnt, in 1. Chr. 29,11 gefunden. Sie wird sie aber kaum aus diesen Preisungen entwickelt haben. Eher kann man annehmen, dass sie ihr als passende Bezeichnungen für die Sephirot erschienen und sie sie dann als Namen für sie verwandte.

Die Sephirot sind innergöttliche, antagonistische Kräfte wie der positive und negative Pol in der Elektrizität, das sympathische und parasympathische Nervenssystem, Ebbe und Flut, Tag und Nacht, Mann und Frau. Dabei stehen die Sephirot der rechten Seite für das männliche Element in der Gottheit, die der linken für das weibliche. Die rechte Seite ist hell, die linke dunkel. Der männlichen Seite sind Gnade und Barmherzigkeit zugeordnet, der weiblichen Gesetz und Gericht.

Das ruft Fragen und Widerspruch hervor. Geht diese Zuordnung vielleicht auf den Jahrtausende alten Anspruch der Männer zurück, als das überlegene Geschlecht anerkannt zu werden? Außerdem widerspricht sie auch unserer Erfahrung. Sind Frauen nicht duldsamer, sind sie nicht eher bereit zu verzeihen als Männer? Das leugnet auch die Kabbala nicht. Mit der Zuordnung der männlichen Seite zu Licht und Gnade und der weiblichen zu Dunkelheit und Gericht, lehrt sie ebenso wenig eine schon in der Schöpfungsordnung grundgelegte Wesensbestimmung von Männern und Frauen wie der Taoismus. Auch dort werden Yan, die helle Seite, dem Männlichen, und Yin, die dunkle, dem Weiblichen zugeordnet. Die Kabbala sieht die ganze Untere Welt, die sichtbare, materielle Welt also, als weiblich an, und zu dieser Welt gehören alle Menschen, Männer ebenso wie Frauen. Der Verdacht, die Kabbala könne die dunkle Seite der Gottheit auf die irdischen Frauen übertragen und sie etwa als Quelle des Bösen oder als minderwertig ansehen, ist demnach unbegründet – abgesehen davon, dass der linken Seite der Gottheit die gleiche Würde und Bedeutung zukommt wie der rechten.

Nach diesem Überblick können wir uns wieder Malkuth zuwenden, die von sich sagte, sie sei schwarz von der oberen Dunkelheit, der linken Seite, dort sei sie in ihrem ersten Zustand gewesen, doch schön sei sie von der Seite des Lichts, von Hesed, der der Erstgeborene des Lichtes sei.

Der Sohar lässt hier Malkuth auf das kabbalistische Verständnis des Schöpfungsberichtes zurückgreifen. Er erzählt dazu eine Geschichte und fügt gleich eine Erklärung hinzu:

> »Die Mondin[38] fragte Gott: ›Wie ist es möglich, dass ein König zwei Kronen zur gleichen Zeit trägt? Muss nicht jede für sich allein getragen werden?‹ Der König ist hier Binah. Tipheret und Malkuth aber sind ihre beiden Kronen und beide haben Binah gleichzeitig gedient. Deswegen wollte Malkuth sich von Tipheret trennen und allein auf einem Haupt als Krone ruhen. [...] Da sagte Gott: ›Ich sehe, dass du deinen eigenen Weg gehen und den Welten Weisheit geben willst … geh und verkleinere dich und du wirst dich in einer geringeren Position finden als in der, in der du jetzt bist, und du wirst zur untersten Stufe von Tipheret; zum Haupt der sichtbaren Welt, und so herrsche über alles Untere und leite ein jedes nach seiner Art und sei eine Herrscherin der Nacht. Geh hinaus und das ist, was dir gebührt.‹«[39]

In einem anderen Text aus dem Sohar ha-dash wird dieser Gedanke aufgegriffen und vertieft:

> »Es gibt zwei Zustände bei Malkuth. Im ersten war sie im Geheimnis der zwei großen Leuchten, die beide aus einer Quelle, aus Binah, hervorgegangen waren, und sie war so groß wie Tipheret. Tipheret aber bekam sein Licht von der rechten Seite, Malkuth hingegen das ihre von der linken. Wenn sie aber ihr Licht nur von der linken Seite und nicht auch von der rechten Seite bekam, dann hatte sie

nur Vernunft[40] ohne Gnade.[41] Damit aber kann sie nicht bestehen, denn Vernunft kann ohne Gnade nicht leuchten. Das war die Anklage der Mondin und darauf wurde ihr geboten: ›Geh und verkleinere dich‹, das bedeutet, dass sie in ihren zweiten Zustand versetzt und zu einem Punkt unter Tipheret wurde … Nun erhält sie nichts mehr von Binah, sondern nur, was sie von Tipheret bekommt. Doch obwohl sie jetzt verkleinert ist, erhält sie von Tipheret nun sowohl Vernunft wie auch Gnade und leuchtet in aller Vollkommenheit.«[42]

Die Kabbala sieht die Sephirot in einem immerwährenden, lebendigen Wechselspiel miteinander, bei dem es keinen Stillstand gibt. Die christliche Theologie könnte allenfalls bereit sein, Veränderungen und Umwälzungen in der Engelwelt anzunehmen, Gott selbst aber ist immer der, der er war, ist und sein wird – ein ewiges Jetzt. Zwischen Vater, Sohn und Heiligem Geist gibt es zwar Berührung und Austausch, doch wenn sich die Theologie überhaupt einmal an Aussagen über das innertrinitarische Leben heranwagt, dann erscheint es ihr als harmonischer Kreislauf, in dem es niemals zu Spannungen, geschweige denn zu Konflikten kommen kann.

Anders die Kabbala. Die zehn Sephirot sind ja Gott selbst, nicht etwa Götter oder Engel. Sie sind eine zehngliedrige, lebendige Einheit, die im Namen JHWH ausgedrückt und verehrt wird. Wo Leben ist, da gibt es auch Spannungen, Umstimmungen und Veränderungen. Wie der Sohar die Genesis liest, wird darin von einem Umbruch bei der Erschaffung der beiden Leuchten an der Feste des Himmels, »die da scheiden Tag und Nacht und geben Zeichen, Zeiten und Tage« (1. Mos.1,14) berichtet. Er erklärt dazu: »Am Anfang waren, als Gott sie schuf, die zwei großen Leuchten gleich groß, als ob sie Freunde wären. Beide Leuchten waren in einem Geheimnis verbunden und beide sollten groß heißen.«[43] Allerdings, in Gottes Befehl: »Es werden Leuchten an der Feste des Himmels« (1. Mos.1,14) fehlt an dieser Stelle[44] der Buchstabe Wav (ו). Nachlässigkeit eines Kopisten für eine Abweichung von der üblichen Schreibweise lässt die Kabbala nicht als Erklärung gelten und erst recht nicht im Schöpfungsbericht. Wenn hier das Wav fehlt, kann das nur bedeuten, dass einer der Leuchten etwas genommen wurde.

Was in der Schrift in einem scheinbaren Schreibfehler nur angedeutet ist, kann jede Nacht an den Phasen des abnehmenden und sich dann wieder erneuernden Mondes beobachtet werden. Sie erinnern an das Vorspiel am Schöpfungsmorgen, und schreiben dazu in kosmischen Lettern die Not und die Hoffnung Malkuths an den nächtlichen Himmel.

Eine Frage ist offen geblieben: Wie ist zu verstehen, dass die beiden Leuchten zwar aus einer Quelle – aus Binah – hervorgegangen sind, Tipheret dabei sein Licht sowohl von der der rechten wie auch von der linken Seite empfangen habe, Malkuth das ihre jedoch nur von der linken?

Tipheret hatte in der Ordnung der Sephirot immer schon eine Mittelposition zwischen den hellen und den dunklen Sephirot; Malkuth dagegen stand ursprünglich unmittelbar unter Binah, das Wort bedeutet, zur Erinnerung, ›Verstehen, Verstand, Einsicht‹, und nur das wurde Malkuth von Binah zuteil. Auch Tipheret, dank seiner Mittelstellung, erhielt diese Gaben von Binah, doch von der rechten Seite erhielt er zudem noch Hesed, und das steht für ›Liebe, Gunst, Gnade‹. Vernunft ohne Liebe aber ist kalt und kann weder leuchten noch wärmen.

Malkuth fühlte sich benachteiligt, weil ihr das Licht der rechten Seite vorenthalten war und sie mit Tipheret die Ehre teilen musste, die Krone Binahs zu sein. Sie begehrte auf, verlor ihre Position und wurde zur untersten Stufe der Sephirot und zum Haupt der sichtbaren Welt, zur Schechinah, der Gegenwart Gottes unter den Menschen.

Dort unten hat sie nicht länger eine unmittelbare Verbindung zum Oberen. Alles, was sie von dort empfängt, empfängt sie durch Tipheret, doch nun bekommt sie nicht nur Vernunft, sondern auch Liebe und Gnade, und sie ist Herrscherin der sichtbaren Welt, wie ihr sichtbares Abbild, die Mondin, Herrscherin der Nacht ist. Ihres göttlichen Adels wurde sie nicht beraubt, den brachte sie mit, breitete ihn in der Nacht der Armut aus und hat so in den ihr Anvertrauten ihre eigene Sehnsucht nach der Liebe Tipherets entzündet. Deshalb »sind die Liebenden das Siegel Gottes auf dieser Welt«.[45]

Würde man hier einwerfen, die Kabbala sähe in Malkuth eine nahe Verwandte der Aphrodite, wäre diese Vermutung nicht unberechtigt; denn auch Aphrodite lässt diese Welt in ihrem Licht und ihrer Wärme aufleuchten, und wo sie erscheint, werden staubiger Schatten zu Glanz, Armut zu Reichtum, Bettler zu Königen. Doch wenn ihre Flamme erlischt, ist die Dunkelheit drückender als zuvor. Aus der Leere erscheint der Tod, und der Mensch, der gerade noch mit den Olympiern an einer Tafel saß, ist wieder die sterbliche Kreatur, die er vorher war und die bald vergangen sein wird.

Anders Malkuth. Sie führt die Liebenden nicht heimlich an die Göttertafel, wo sie für kurze Zeit geduldetet werden. Nein, der Platz, den sie ihnen anweist, bleibt ihnen erhalten, wie ja auch das zweite He, das für Malkuth steht, im Gottesnamen, nicht gelöscht wurde.

Den Liebenden ist das alles nicht bewusst. Im Augenblick, da sie einander in den Armen halten, erfüllt sie ihr Erleben mehr, als es ein Kunstwerk je vermöchte. Doch in dem, was sie sich zuflüstern, ist davon nichts zu erkennen. Wenn sie nicht schweigen, wird das, was sie sich zu sagen haben, in kunstloser Alltagssprache gesprochen. Doch in der Schönheit des Menschen, den sie in Armen halten, leuchtet ihnen das Urschöne auf. Deswegen auch geht die Schönheit des Menschen allem anderen Schönen voran, an ihr wird es gemessen, und im Schönen von Natur und Kunst schwingt wie in Obertönen die Schönheit des Menschen immer mit.

Erst später ahnen die Liebenden, dass sie in einer anderen Welt waren und sich ihnen Räume aufgetan hatten, die von Musik erfüllt und von Düften durchzogen waren. Sie sind von und zur Schönheit geweckt worden und werden sich vielleicht Briefe voller poetischer Schönheit und Tiefe schreiben und in Gedichten und Liedern anderer ihr eigenes Erleben wieder entdecken.

Die untere Mutter kann die Liebenden nur für kurz aus der Welt der Armut hinaustragen, doch wenn die Zeit, die sie ihnen gewährt, vorüber ist, setzt sie sie nicht, wie Aphrodite, anteilslos wieder der Kälte und Leere aus. Sie hat sie am Geheimnis ihrer Liebe zu Tipheret teilnehmen lassen, und damit hat sie für einen Augenblick den Vorhang zwischen der Oberen und Unteren Welt beiseite geschoben.

Ist das nun aber doch nichts anderes als eine Renaissance der Romantik unter der Flagge der Kabbala? Alles ist doch so viel einfacher! Wie leicht verständlich ist doch die als Wissenschaft verbreitete Meinung (und wie gut passt sie in unsere Zeit), die lehrt, beim Anblick eines Menschen des anderen Geschlechts werde in einem Augenblick abgeschätzt, ob er vielleicht als Sexualpartner in Frage käme, eben dies sei der viel zitierte überspringende Funke. Die weitere Entwicklung hinge nur von entweder dienlichen oder hinderlichen Umständen ab. Was an Überhöhungen und Poetisierungen an der Liebe wahrgenommen und erlebt werde, sei eben nichts anderes als eine arttypische Eigenart des menschlichen Sexualtriebs, der, physiologisch und verhaltensbiologisch betrachtet, mit dem der Tiere identisch sei. Man müsse die Liebe ent-erotisieren, wenn man mit ihr so zeitgemäß leben wolle wie mit der entmythologisierten Schrift.

Damit sind wir auf zwei Stichwörter (die Tiere und die Schrift) gestoßen, die uns anregen, den Bogen weiter zu schlagen. Wenn wir die Schrift auf unser Thema, die Gemeinsamkeiten von menschlicher und tierischer Sexualität, befragen wollen, müssen wir sie ›remythologisieren‹. Dabei sind wir weit davon entfernt, sie wörtlich zu nehmen; das wäre nichts als unkritischer Fundamentalismus. Die Schrift mit kabbalistischen Augen lesen, bedeutet, sie als Ikonostase – die Bilderwand in den orthodoxen Kirchen – zu verstehen. Nichts von dem, was auf ihren Ikonen dargestellt ist, soll als reales Abbild verstanden werden. Um eben dieser Gefahr zu begegnen, werden die Heiligen und ihre Umgebung verfremdet dargestellt. Das erleichtert den Durchblick auf die höhere Realität, für welche die Ikonen öffnen wollen.

Den ersten Schöpfungsbericht, in dem von Gott als Elohim gesprochen wird, kann man als ›Schöpfungsbericht von unten‹ verstehen. Nach ihm entwickelt sich das Leben auf der Erde in Stufen. Als Grundlage des Lebens ließ Elohim am dritten Tage Gras, Kräuter und fruchtbare Bäume entstehen. Am fünften Tag folgten Fische und Vögel, am sechsten »die Tiere auf Erden, ein jegliches nach seiner Art«. (1. Mos.1,25) Als letztes der Lebewesen »schuf Gott den Menschen ihm zum Bilde, zum Bilde Gottes schuf er ihn; und schuf sie einen Mann und ein Weib«. (1. Mos.1,27)

Ersetzt man in diesem Bericht den Halbsatz »Gott schuf« durch »entwickelten sich«, dann lässt er sich mit der Evolutionstheorie ohne Schwierigkeiten verbinden. Die Grundlinien jedenfalls stimmen überein.

Im zweiten Schöpfungsbericht dagegen wird der Mensch als erstes von JHWH erschaffen. Es heißt da: »Und allerlei Bäume auf dem Felde waren noch nicht auf Erde … denn JHWH hatte noch nicht regnen lassen«. (1. Mos.2,5) Wiewohl noch nichts da war, von dem er sich hätte ernähren können, schuf JHWH den Menschen aus einem Erdenkloß und blies ihm lebendigen Odem in die Nase. »Und also ward der Mensch eine lebendige Seele.« Erst danach »pflanzte JHWH den Garten Eden gegen Morgen und setzte den Menschen hinein, den er gemacht hatte«. (1. Mos,2,7 u. 8)

Diesen Schöpfungsbericht könnte man als den ›Schöpfungsbericht von oben‹ bezeichnen, und es ist kein Zufall, dass hier der unaussprechliche Name JHWH gebraucht wird, wohingegen im ersten Schöpfungsbericht von Elohim gesprochen wird. Die beiden Berichte scheinen unvereinbar zu sein. Verschränkt man sie aber, dann entsteht eine Gesamtschau von dem, wie das Untere und das Obere ineinander gefügt sind.

Im ersten Schöpfungsbericht, in dem der Mensch als letztes Glied einer Entwicklungskette erscheint, befiehlt Elohim den Tieren mit den gleichen Worten, fruchtbar zu sein und sich zu mehren, wie den Menschen.[46] Wenn die Sexualität bei Tieren und Menschen die gleiche Funktion hat, dann ist sie auch wesensverwandt, und so gibt es, wie Physiologen und Verhaltensbiologen herausgefunden haben, zahlreiche Parallelen zwischen menschlicher und tierischer Sexualität.

Der zweite Schöpfungsbericht ist hingegen wie in einer Dimension angesiedelt, die über der des ersten liegt. Nicht nur, dass nach ihm der Mensch als erstes Lebewesen geschaffen wird, er befindet sich zudem im Garten Eden – einer Welt über der Welt. Dort führt JHWH die Tiere zum Menschen, damit er ihnen Namen gäbe. Das ist weit mehr als eine bloße Etikettierung. Im alten Denken gibt erst der Name dem Bezeichneten seine Bestimmung, erfasst sein Wesen, und erst dann ist es vollendet. So wurde der Mensch im Garten Eden zum Mitschöpfer Gottes.

Es wird in der Schrift nicht erwähnt, doch es kann keinen Zweifel geben: Die Tiere waren auch nach dem zweiten Schöpfungsbericht von Anfang an zweigeschlechtlich, Adam, der Mensch hingegen, war zunächst mann-weiblich. Im Garten Eden versenkte ihn JHWH in einen tiefen Schlaf und teilte ihn »weil für den Menschen keine Gehilfin gefunden war, die um ihn wäre«. (1. Mos.2,20) Im zweiten Bericht ergeht an die beiden Menschen nicht der Auftrag, fruchtbar zu sein und sich zu mehren. Ihre erste Aufgabe ist, für einander da zu sein. Sie sind zwei, weil das Leben für einen alleine leer und sinnlos wäre. Vom Mann heißt es dann noch, dass er Vater und Mutter verlassen würde, um seinem Weibe anzuhangen, und sie würden ein Fleisch sein (1. Mos.2,24) – auch hier kein Hinweis auf die Fortpflanzung, wohl aber auf die Sexualität. Wir würden den Sinn der Stelle nicht verfehlen, wenn wir: »... und sie werden wieder ein Fleisch sein« übersetzten.

JHWH hatte Adam und Eva Schritt für Schritt weitergeführt. Dann aber kam der Augenblick, da sie den ersten Schritt von sich aus und gegen sein ausdrückliches Verbot unternahmen. Sie aßen vom Baum der Erkenntnis des Guten und des Bösen. Damit war eine Stufe erreicht, die Chance und Verhängnis in einem war. Genau betrachtet, ist dieses Gebot das erste überhaupt und steht den zehn Geboten und den anderen Geboten und Verboten voran, denn ohne die Fähigkeit, Gut und Böse zu unterscheiden, hätte Moses und seinem Volk am Sinai das Gesetz nicht auferlegt werden können.

In unserem Zusammenhang ist von besonderer Bedeutung, dass es unmittelbar, nachdem Adam und Eva von dem Baum der Erkenntnis gegessen hatten, heißt: »Da wurden ihrer beider Augen aufgetan, und sie wurden gewahr, dass sie nackt waren, und sie flochten Feigenblätter zusammen und machten sich Schürzen.« (1. Mos.3,7)

Damit sind Adam und Eva nicht nur mehr, wie es JHWH vorgesehen hatte, seine Lehnsleute (Herr und Herrin auf Eden); sie sind in eine andere Seinsstufe aufgestiegen. JHWH sagt von ihnen. »Siehe, Adam ist geworden wie unsereiner und weiß, was gut und böse ist. Nun aber, dass er nicht ausstrecke seine Hand und breche auch vom Baum des Lebens und esse und lebe ewiglich.« (1. Mos.3,22)

»... ist geworden wie unsereiner«? – Das heißt doch: Ist wie Gott geworden! Sollte das nur auf die Erkenntnis des Guten und Bösen zurückzuführen sein? Durchaus, wenn man erkennt, dass die Erfahrung der Nacktheit mit der Wahrnehmung des geschlechtlichen Verschiedenseins verbunden war. Damit wurden Adam und Eva in das innergöttliche Drama, das Drama von Tipheret und Malkuth hineingezogen, und fortan wiederholte es sich in ihnen und allen ihren Nachkommen, wie oft sie sich auch ihrem neuen Rang nicht gewachsen zeigten und wie sehr sie ihn missverstanden – sie sind dennoch »unsereiner«.

Wir stießen zu Beginn unserer Beschäftigung mit der kabbalistischen Interpretation des Hohenliedes auf die geheime Entsprechung von Beth und Schin als korrespondierenden Anfangsbuchstaben von Schöpfungsbericht und Hohenlied und erwähnten dazu, dass die Kabbala den ganzen Schöpfungsbericht im Hohenlied wiederfände. Beide Bücher entsprechen einander in verborgener Spiegelsymmetrie.

In unserem Zusammenhang ist der innere Bezug zum

zweiten Schöpfungsbericht von besonderer Bedeutung, denn aus ihm geht hervor, dass die Zweigeschlechtlichkeit des Menschen nicht nur in seiner Körperlichkeit sichtbar wird – daraus ergäbe sich kein grundsätzlicher Unterschied zu den Tieren. Sie ist vielmehr auch in seiner immateriellen Natur begründet, mit der er zu »unsereiner« geworden ist, das heißt: am geheimen Leben der Gottheit teilnimmt.

Sehen wir es so, dann ist die Sexualität des Menschen nicht die irdische Fessel, von der er sich befreien, der Sündenmakel schlechthin, für den er immer von neuem um Vergebung bitten muss, er ist vielmehr durch sie aus der Oberen Welt geadelt und diesem Adel verpflichtet.

Damit ist die Sexualität ›von unten‹ mit ihren Gefahren und Verirrungen nicht erklärt, sie muss aber von der Sexualität ›von oben‹ wie der Davidstern, bei dem zwei Dreiecke ineinander gefügt sind, durchwirkt werden. Eins der Dreiecke hat seine Basis unten und weist mit seiner Spitze nach oben. Das andere senkt sich aus dem Oberen kommend in es hinein, und so wird aus beiden in einer Figur ein neues Ganzes.

Nach der Leseweise der Kabbala ist das Hohelied die vollendete Ausfaltung dieser Figur. Doch Irdisches und Himmlisches verschränken sich nicht nur in der Liebe von Mann und Frau. Das Symbol der ineinander gefügten Dreiecke ist wie ein geheimes Zeichen allem Menschlichen eingeprägt. Es mahnt, wie wir es gerade an der Liebe, dem Zentralmotiv des menschlichen Lebens, zu zeigen versucht haben, es nie bei einer Erklärung von unten sein Bewenden haben zu lassen.

Könnte es nicht zum Beispiel so sein, wie es sich aus dem zweiten Schöpfungsbericht ergibt: dass die Sprache von Anfang an dem Menschen zu Gebote stand und sich nicht etwa aus primitiven Verständigungslauten entwickelte? Damit hätte Adam den Tieren keine Namen geben können.

Paläopsychologisch gesehen, könnte es durchaus so gewesen sein, dass die Sprache anfangs nur zur Anrufung der Götter und bei Ritualen diente und erst danach im Alltagsleben verwendet wurde. So wurde ja auch die Schrift zunächst für Orakelzwecke und zur Aufzeichnung heiliger Texte benützt und erst danach zu profanen Mitteilungen und Festhalten von Verträgen. Das Erlernen der Schrift geschah in Tempeln und war eine Einweihung und nicht die Erlernung einer Kulturtechnik nach dem Lehrplan einer staatlichen Schulaufsichtsbehörde.

Bei der Musik lässt sich dieser ›Anfang im Oberen‹ noch wahrscheinlicher machen. Bei der Sprache kann man immerhin ihren praktischen Nutzen (Sprache als Verständigungsmittel) als Einwand gegen ihren Ursprung im Oberen vorbringen. Welchen praktischen Nutzen aber sollte Musik gehabt haben? Im Anfang war sie – und ist es heute noch bei isoliert lebenden Stämmen – Beschwörung und Anrufung der Götter.

Der Verschränkung, die wir gerade in den beiden Schöpfungsberichten aufgezeigt haben, wollen wir nun in weiteren Deutungen zum fünften Vers nachgehen.

Bevor wir jedoch damit beginnen, ist es angebracht, eine grundsätzliche Bemerkung über die kabbalistische Leseweise des Hohenliedes vorauszuschicken. Es muss eingestanden werden: Keiner seiner Verse lässt zweifelsfrei erkennen, dass er nur ›von oben‹ gedeutet werden kann. So wurde das Hohelied auch im alten Jerusalem, wie der Talmud weiß, in den Weinschenken gesungen, und dort wurde es ganz sicher nicht als mystischer Zwiegesang von Tipheret und Malkuth verstanden. Die Deutung ›von unten‹ hat mithin eine sehr lange Tradition. Dadurch aber wurde die Deutung ›von oben‹ nicht entwertet. Im Gegenteil, die Dornenhecke, die das Hohelied umschließt, wurde nur undurchdringlicher, und es blieb ein verschlossener Garten, ein versiegelter Quell, und Zugang wird nur denen gewährt, die danach suchen – und nach denen gesucht wird!

> »So ist der Weg der Thora. Im Anfang, wenn sie sich dem Menschen enthüllen will, gibt sie ihm Zeichen und Winke. Wie gut, wenn er sie versteht! Wenn er sie aber nicht versteht, sendet sie zu ihm und lässt dem Toren sagen, dass er zu ihr komme, auf dass sie vertraute Zwiesprache miteinander halten. [...] Wenn er dann kommt, beginnt sie in einer Weise mit ihm zu sprechen, die er verstehen kann. [...] Erst wenn er gänzlich mit ihr vertraut ist, eröffnet sie sich ihm von Angesicht zu Angesicht und spricht mit ihm über alle ihre verborgenen Geheimnisse und alle verborgenen Wege, die seit Urzeiten in ihrem Herzen waren. Da wird der Mensch vollkommen und wird ›Gatte der Thora‹ [Baal Thora].«[47]

Hier darf nicht überlesen werden, dass durch die liebende Begegnung mit der Thora der Mensch vollkommen und zu ihrem Gatten wird. Die Schöpfungswunde, die entstand, als der eine Mensch zu zweien wurde, ist geheilt, und Gatte wird er genannt, weil eine heilige Hochzeit stattgefunden hat. Für diese innere Hochzeit gibt es kein Traubuch mit fest eingetragenem Datum. Es gibt aber auch keine Scheidung, weil solange der Mensch lebt, seine innere männliche und weibliche Hälfte sich immer wieder trennen und dann einander von neuem suchen.

Nun verstehen wir, warum Malkuth, die Herrscherin der Unteren Welt, ihr eigenes Licht verlieren musste. Nur von Tipheret konnte sie ein Licht erhalten, in dem Männliches und Weibliches verschmolzen waren. Dieses Doppellicht aus dem Oberen trifft auf die lichtlose Doppelnatur des Unteren, kräftigt und entwickelt sie.

Auch dafür gibt es im Sohar ein Bild. Er sagt von Malkuth, die ins Untere abgestiegen ist und jetzt ihr Licht von Tiphe-ret erhält: »Nun gleicht sie dem Licht der Kerze, bei dem der untere Teil dunkel, der obere aber hell ist.«[48]

Das ist genau beobachtet, denn um den Docht einer brennenden Kerze ist eine kleine, lanzenförmige dunklere Flamme zu sehen, die von einer größeren und heller leuchtenden umgeben ist. Die dunklere Flamme ist die erste Wandlungsstufe von Docht und Wachs, Stoffen, die so lange reaktionslos nebeneinander existieren, bis sie entzündet werden und sich in der unteren Flamme vereinen, um dann mit ihr in der helleren Flamme aufzugehen.

Ist aber Malkuth nicht auch das verschüttete Wissen, die immer wieder aufkeimende Ahnung, nicht nur von der Unteren Welt zu sein? Das wird das erste Geheimnis gewesen sein, von dem die Thora zu ihrem Geliebten sprach, als sie sich ihm Angesicht zu Angesicht eröffnete und das enthüllte, was seit Urzeiten in ihrem Herzen verborgen war. Ein anderes der großen Geheimnisse aber ist: »Gott wohnt an keiner Stelle, da nicht Männliches und Weibliches sich zusammenfinden … das Männliche wird somit nicht eher Mann genannt, als bis es mit dem Weiblichen vereint ist.«[49]

Als wir mit der Deutung des fünften Verses begannen, hatten wir uns damit gewissermaßen auf eine Spirale begeben, die uns nun wieder an unseren Ausgangspunkt zurückgebracht hat – allerdings befinden wir uns jetzt eine ganze Wendung darüber. Ausgegangen waren wir von den schwarzen Zelten Kedars und den lichten Stoffbahnen Salomos, mit denen sich Sulamith vergleicht. Zunächst war unverständlich, wie Sulamith zu beiden Bereichen gehören und dennoch schön sein könne. Am Ende unseres Durchgangs durch die Deutungen zum fünften Vers können wir sagen, sie sei wahrhaft schön, weil beide Bereiche in ihr vereint sind.

Der Kontrapunkt schwarz – weiß, links – rechts, oben – unten kehrte in dem Motiv von den beiden großen Leuchtern wieder, die »gleich groß waren, als ob sie Freunde wären«. Es wurde in der rechten Seite des Sephirotbaumes, die der linken gegenübersteht, wieder aufgenommen und trat dann besonders deutlich in den beiden Schöpfungsberichten hervor.

Als wir uns dann dem Spehirotbaum zuwandten, sahen wir, dass die Spannung zwischen rechter und linker Seite in Tipheret aufgehoben wird – und Tipheret bedeutet Herrlichkeit, Schönheit.

Auch die Widersprüche der beiden Schöpfungsberichte verlieren sich nicht nur, sie führen vielmehr zu tieferer Einsicht, wenn man sie miteinander verschränkt und als Ganzes sieht.

Unser Augenmerk aber war vor allem auf die Gegensätzlichkeit von Mann und Frau gerichtet, in der die kosmische Bipolarität wiederkehrt und sich verdichtet. Bei Mann und Frau fällt das Gegensätzliche in eins zusammen, wenn sie, wie es im zweiten Schöpfungsbericht heißt, »ein Fleisch« sind.

Die Zweigeschlechtlichkeit bestimmt aber nicht nur das äußere, sondern auch das innere Wesen jedes einzelnen Menschen. Auch hier müssen Rechtes und Linkes, Oberes und Unteres, Männliches und Weibliches vereint werden. Das geschieht nicht in einem kurzen Aufflammen, sondern ist ein lebenslanger Prozess – und oft ist ein Leben zu kurz dafür.

Davon sprach unsere letzte Bildgeschichte in ihrem Gleichnis von der Thora und ihrem Geliebten. Wiewohl sie vor Hunderten von Jahren aufgezeichnet wurde, hat sie etwas beschrieben, was auch heute noch genauso verläuft. Bei den kabbalistischen Deutungen der Schrift geht es nur scheinbar um Erwerb von geheimem Wissen, das schließlich gar in Examen abgefragt werden könnte. Das Wissen, in das die Thora ihren Geliebten Schritt für Schritt einführt, ist kein Wissen im herkömmlichen Sinn. Es gleicht viel eher einer Substanz, einem Medikament, einem Ferment, oder dem Kupferdraht, den der elektrische Strom benötigt, um fließen zu können. Nicht der Draht, sondern der Strom lässt die Lampen hell werden. Was die Geliebte ihrem Geliebten enthüllt, sind keine vertraulichen Mitteilungen, keine Geheimnisse, wie es etwa Staatsgeheimnisse sind. Wer sie liest oder hört, dem mag es ergehen, wie den fröhlichen Zechern im alten Jerusalem. Sie dankten dem Sänger mit freundlichem Beifall, doch nur selten wird einer von ihnen den Wink gesehen haben, den ihm seine unbekannte Geliebte gab, als er dem Gesang lauschte. Folgte er ihm aber, dann zog sie ihn immer näher zu sich heran. In ein Bild unserer Tage gebracht, war es, als ob er beobachtete, wie im fotografischen Entwicklungsbad die Umrisse einer Aufnahme langsam hervortreten. Könnte, was aus dem Dunkel Gestalt annimmt, der Andere in ihm selber sein, mit dem ihm aufgegeben ist, sich zu vereinen? Wird sich schließlich in ihm das Angesicht der Thora enthüllen? Und ist das die Quelle des Wissens um die Geheimnisse der Oberen und Unteren Welt?

Der Sohar scheint es so zu sehen; denn die neuen Deutungen der Thora, die von den Gerechten gefunden werden, ziehen sie aus der Wurzel ihrer Seele nach oben.[50]

Anfang im Unteren

Die ersten fünf Verse des Hohenliedes lassen sich, liest man sie mit der Kabbala als Deutungshintergrund, als Vorspiel im Himmel verstehen. Wir erinnern uns: Die Liebessehnsucht Sulamiths, durch die Malkuth hindurchscheint, wird gleich zu Anfang erfüllt und die Heilige Hochzeit mit Tipheret vollzogen. In der zweiten Setumah hören wir zum ersten Mal die Stimme des Geliebten. Von der dritten Setumah an besingen die Liebenden ihre Schönheit, finden Vergleiche voller Poesie füreinander, sehnen sich nacheinander, suchen sich – und doch kommen sie sich nur noch wenige Male nahe und wenn, dann werden diese Begegnungen mit verhaltenen Worten gerade nur angedeutet nicht aber beschrieben.

Das Hohelied strebt nicht auf einen Höhepunkt zu, es entfaltet sich von einem Höhepunkt her. Würde es mit seinen ersten Versen enden, dann entspräche es unserem Klischee von einer romantischen Affäre. Weil es in ihm außerdem keine aufeinander folgende Entwicklung von Bildern und Szenen gibt, hat man es gelegentlich als eine absichtlich durcheinander gebrachte Gedichtsammlung verstanden, die erst dann, wenn man die verlorene Ordnung wiederherstellt, verständlich wird.[51]

Für die Kabbala ist ein solcher Eingriff undenkbar. Wenn im Hohenlied vermeintlich kein Aufbau zu erkennen ist, dann ist gerade das eine Herausforderung, nach ihm zu suchen, und dies auch dann, wenn man nur hoffen kann, gelegentlich auf nicht mehr als auf Teilabschnitte einer Struktur zu treffen und insgeheim weiß, dass die Architektur, die dem ganzen Gedicht zugrunde liegt, so verdeckt ist, dass sie nie vollständig und unwiderlegbar aufzuweisen sein wird.

Bei der Suche nach verborgenen Teilstrukturen kann es helfen, wenn man sowohl die Zahlenwerte der Worte zu Rate zieht als auch nachzählt, wie oft bestimmte Worte im Text vorkommen.

Das lässt sich gleich an einem Beispiel deutlich machen, das uns zudem wieder in den Text zurückführt. Das ›Vorspiel im Himmel‹ entwickelt der Sohar, wie erwähnt, aus den ersten fünf Versen. Diese Verse umfassen im hebräischen Text 44 Wörter. Das lässt aufmerken, denn das hebräische Alphabet besteht aus 22 Buchstaben und wo immer die Zahl zweiundzwanzig in der Schrift vorkommt, horcht der Sohar in der Hoffnung auf, hier einen Widerhall aus den Oberen Welten vernehmen zu können.

Es sind aber doch vierundvierzig und nicht zweiundzwanzig Wörter! Dem lässt sich entgegenhalten, dass der Prolog aus zwei Szenen bestand, aus denen der Sohar zwei verschiedene Ausblicke auf seine Lehre eröffnete. In der ersten Szene entdeckte er die heilige Hochzeit, in der zweiten die Verbannung Malkuths aus der Oberen Welt.

Wir können noch eine weitere Beobachtung hinzufügen. Ist es wirklich nur ein Zufall, dass wir in den ersten drei Versen des Gedichts, zählen wir ihre Wörter, nacheinander auf 4, 7 und 10 Wörter stoßen?

Bei der vier denken wir sofort daran, dass im Judentum von Gott als Tetragrammaton dem (Vierbuchstabenwort) gesprochen wird. Dieser Name tritt an die Stelle des aus den vier Buchstaben JHWH bestehenden Gottesnamens, für die es aber keine Aussprache gibt. Wie durch Schleier verhüllt, könnte er in der Vierzahl der Wörter dem ganzen Gedicht vorangestellt sein.

Die sieben Wörter des zweiten Verses lassen an die sechs Schöpfungstage und an den siebten Tag denken, an dem Gott von seinen Werken ruhte.

Zur Deutung der Zehn, die im Gedicht an dritter Stelle erscheint, lässt sich auf die zehn Sephirot und die zehn Gebote hinweisen. Die Zehn ist die Wiederkehr der uranfänglichen Eins auf der nächsten Stufe. Sie steht für Ordnung und schafft Ordnung, bis dahin, dass sie die Grundlage fast aller unserer Maßsysteme ist.

Wir sollten hier nicht weitergehen, ohne einen kritischen Blick auf das, was wie eine Zahlenspielerei aussieht (und vielleicht tatsächlich manchmal auch ist) geworfen zu haben. Lag eine solche Spielerei der Komposition des Hohenliedes als Absicht zu Grunde? Mit großer Wahrscheinlichkeit nicht! Beweist sie etwas? Öffnet sie einen neuen Horizont? Nur zögerlich kann man darauf mit Ja antworten. Wirklich neue Einsichten lassen sich selten aus den Zahlen gewinnen, sie regen aber an, scheinbar fern Liegendes miteinander zu verbinden. Oft ergeben sich dann daraus tatsächlich Einsichten, auf die man ohne diesen Blick nicht gestoßen wäre.

Sollte es denn auch wirklich, wie nüchterne Skeptiker meinen, undenkbar sein, dass Geistiges in der abstrakt kristallinen Struktur der Zahlen erscheinen könnte? In der Musik ist seit Pythagoras bekannt, dass sich die Harmonie der Akkorde auch in ihren Zahlenproportionen widergespiegelt. Man muss Musik nicht studiert haben, um von ihr ergriffen zu werden. Ähnliches kann von sprachlichen Kompositionen gesagt werden. Theaterstücke wurden lange, Gedichte bis in die Gegenwart in Versen geschrieben, die jeweils eine bestimmte Anzahl von Hebungen und Senkungen aufweisen.

Die Zahlenverhältnisse in Musik und Dichtung unterscheiden sich allerdings von denen, die wir hier beobachtet haben. Auf diese Strukturen stößt man nur, wenn man für sie aufgeschlossen ist und sie sucht. Entdeckt man dann, dass die Deutung einer Schriftstelle auch von den Zahlen reflektiert wird, dann unterstützt das die Deutung und bestärkt das Vertrauen in die kabbalistische Leseweise der Schrift.

Für die ersten fünf Verse fanden wir die Bezeichnung ›Prolog im Himmel‹. Die beiden letzten, denen wir uns jetzt zuwenden, können wir als ›Anfang im Unteren‹ charakterisieren.

Wir hören sie zunächst noch einmal:

»Schaut mich nicht an, weil ich so
von der Sonne verbrannt bin.
Die Söhne meiner Mutter zürnten mir.
Zur Hüterin der Weinberge hatten sie mich gemacht.
Doch meinen eigenen Weinberg,
den hütete ich nicht. (1.6)

Sag mir an, du, den meine Seele liebt,
wo weidest du,
wo lässt heute am Mittag du lagern?
Denn nicht ziellos will ich umherirren
bei deiner Freunde Herden.« (1.7)

Wir knüpfen hier an die Bedeutung an, die den Zahlen zukommt, wenn Geistiges im Unteren erscheint. Die erste Setumah zählt insgesamt 77 Wörter. Auf die 44 Wörter des ›Prologs im Himmel‹, die wir in den Versen 1–5 fanden, folgen 33 Wörter in den Versen 6 und 7. Nach kabbalistischem Verständnis spiegelt sich darin der geheime Sinn wider, der in ihnen verborgen zu sein scheint.

»Die Buchstaben Gimmel und Lamed (mit denen im Hebräischen der Zahlenwert 33 wiedergegeben wird) werden immer verwendet, wenn etwas zur Form wird. [...] Etwas wird Form, bekommt einen Körper. Damit ist der Begriff Verbannung identisch. Für uns ist Verbannung: Aus dem Vaterland vertrieben werden. [...] So ist es aber nicht wahr. Es ist zwar schon ein Vertriebenwerden, aber aus einem Vaterland, das anderswo ist, bei Gott. Es handelt sich um das Verlassen eines Ortes, wo man zu Hause ist, um Form zu werden, um sich hier in dieser Welt auszudrücken.«[52]

Eben dies war das Schicksal Malkuths: Sie wurde ins Untere verbannt und dort zur Herrin des Sichtbaren und hier, nun selber Form *geworden*, wurde sie Form *gebend*.

Von da lässt sich leicht zum Text zurückkehren. Wir flechten dazu eine Stelle aus dem Sohar ha-dash ein, in der er den Vers deutet, in dem Sulamith – durch die Malkuth spricht – sagt, sie sei schwarz und von der Sonne verbrannt.

»Sie ist schwarz, weil sie nichts mehr zu geben hat«, und dazu wird weiter erklärt: »Alle Buchstaben lassen sich in einem Buchstaben schreiben und sind in ihm enthalten. Dieser Buchstabe wirkt unscheinbar, weil er in den anderen enthalten ist – wenn auch unerkannt. Und welcher Buchstabe ist das? Es ist der Buchstabe Jod. Malkuth steigt hoch in diesem Namen, und sagt von sich: ›Ich habe keinen Raum, in den ich andere aufnehmen könnte, denn im Namen von Jod bin ich gerufen worden um zu Tipheret hochzusteigen.‹ In der Form der Verkleinerung zu Jod wird sie nach oben gerufen, um sich mit Tipheret Angesicht zu Angesicht zu paaren.«[53]

Hier sei noch einmal daran erinnert, dass im Hebräischen Buchstaben über ihren Lautwert hinaus Symbole und fast lebendige Wesenheiten sind. Aleph, Taw, Beth, Schin (א; ת; ב; ש) und die anderen überdachen oder umschließen Weißes. In ihnen oder unter ihnen ließe sich Schutz finden. Der kleinste Buchstabe des Alphabets, Jod (י) aber ist nichts als ein schwarzer Tropfen. Nur ein Punkt ist das Jod und in ihm gibt es kein Weiß, d.h. es hat nichts anderes als Schwarz.[54]

Hier setzt die kabbalistische Deutung an.

Dieser kleine schwarze, tropfengleiche Buchstabe kann zwar nichts in sich aufnehmen, doch ist er in allen anderen Buchstaben enthalten. Sie sind aus ihm entwickelt worden und haben sich wie zu Bäumen entfaltet, die ihre Äste Schutz bietend über das breiten, was unter ihnen Zuflucht sucht. Jod aber kann nichts behüten. Es ist in die anderen eingegangen, ist die Grundform, aus der sie alle aufgebaut sind. Jod hat sie ›gehütet‹ – sich selbst aber hat es dabei vernachlässigt, hat sich nicht gehütet. Deswegen zürnen die Brüder der Mutter, die anderen Sephirot, obwohl sie von dem Selbstopfer Malkuths, das sich in der Verkleinerung zu Jod widerspiegelt, Gewinn gehabt haben. Was jedoch wie ein Mangel aussieht, ist gleichzeitig auch die Voraussetzung für den Wiederaufstieg Malkuths in die Obere Welt. Auch hier gleicht sie der Mondin, die erst gänzlich ›geschwärzt‹ sein muss, ehe sie wieder als Vollmond leuchten kann.

So federleicht Malkuth auch jetzt ist, ohne Hilfe gelingt ihr der Aufstieg nicht.

> »Der Geliebte hört von oben ihre Stimme und weiß, dass seine Geliebte krank vor Liebe wie er selber ist, so dass von ihrer Schönheit nichts mehr zu sehen ist … und so eilt er aus seinem Palast mit Geschenken und Gaben herbei, mit Gewürzen und Weihrauch und findet sie schwarz und gering geworden und ohne Gestalt und Schöne. Er tritt dann auf sie zu und küsst sie. Durch die Wohlgerüche und Gewürze kommt sie wieder zu Kräften und blüht auf zu ihrer wahren Gestalt und Schöne.«[55]

Kein Zweifel, das, was hier als Deutung vorgetragen wird, ist ein Mythos und, wie auch die anderen ›Deutungsmythen‹, die wir schon kennengelernt haben, für uns heute zunächst einmal eine Zumutung. Unsere Theologie hält sich viel darauf zugute, die Schrift entmythologisiert und damit den heutigen Menschen annehmbar gemacht zu haben. Und jetzt, nachdem man endlich auch in der Theologie in der Gegenwart angekommen ist, ein solcher Rückgriff in die Nebel der Frühzeit?

Mythen sind keine festgefrorenen Tatsachenberichte und dürfen nicht wörtlich genommen werden. Sie sprechen von nichts, was irgendwann und irgendwo einmal geschehen wäre, sie sind keine primitiven Vorformen der rational naturwissenschaftlichen Welterklärung. Sie sind vielmehr Träume voll kollektiver Weisheit, und wie Träume müssen sie gedeutet werden.

Was also könnte der Mythos von Tipheret bedeuten, der zu seiner Geliebten mit Gewürzen und Düften herabeilt, sie küsst und so ihre Schönheit wieder zum Erblühen bringt?

Wir haben schon gehört, dass, als Malkuth zur Unteren Welt absteigen musste, diese Welt dadurch verändert wurde. Malkuth hat der ›unteren‹ die ›obere Liebe‹ hinzugefügt, jene Liebe, die sich an der Schönheit entzündet und an ihr und durch sie das Obere im Unteren transparent werden lässt.

Als Königin der Unteren Welt trägt Malkuth die Züge der Aphrodite. Doch sie ist nicht nur die Königin der Unteren Welt, sie ist auch ihre Mutter, und darin gleicht sie der Demeter. Die griechischen Göttinnen sind, um einen Ausdruck unserer Zeit zu gebrauchen, emanzipierte Frauen und auf keine Hilfe angewiesen. Malkuth hingegen wird durch die Schatten dieser Welt fast erdrückt und kann ihre Gaben nur austeilen, wenn Tipheret immer wieder mit seinen Küssen, Düften und Gewürzen zu ihr herabeilt.

Tipheret gleicht in vieler Hinsicht dem strahlend erhabenen Apollo. In einem wesentlichen Aspekt aber unterscheidet er sich von ihm. Apollo ist, wie die anderen Götter des Olymps, ein Aristokrat. Er ist der Gott mit der Leier – aber auch der mit dem tödlichen Bogen. Ausnahmsweise, wenn Menschen – wie Orpheus – fast Göttergröße erreicht haben, hebt er sie über die letzte Schwelle und macht sie zu Unsterblichen im Olymp. Niemals käme es ihm in den Sinn, helfend und heilend zu einer kranken Geliebten herabzueilen und schon gar nicht, wenn sie ihre Schönheit verloren hat. Was krank und schwach ist, ist seiner nicht würdig. Soll Asklepios sich darum kümmern!

Der Geliebte im Hohenlied – durch den nach kabbalistischem Verständnis Tipheret sichtbar wird – kann keiner sozialen Gruppe eindeutig zugeordnet werden. Im 4. Vers der ersten Setumah erscheint er als König. In der 2. Setumah (1.7) ist er wohl ein Hirt. Dann wieder ein König, der in einer Sänfte getragen wird (3, 9–11) und von da nur noch »mein Geliebter«. Er ist »jeder Mann«.

Sulamith (wir gebrauchen von nun ab diesen Erdennamen anstelle von Malkuth, denn die Szene des Hohenliedes ist ja von jetzt an nach unserem Verständnis die Erde) beschreibt nur seine kraftvolle, wie von einem inneren Licht durchflutete Erscheinung, nicht aber seine Wesensart. Wie auch umgekehrt der Geliebte nur die Schönheit seiner Geliebten sieht und preist. Alles an ihr ist voller Leben und Verlangen nach Liebe. Da ist nichts von Kraftlosigkeit und verlorener Anmut. Warum denn sollte Tipheret zu ihr herabeilen, um ihre Schönheit wieder zu erwecken? Er ist ja da, ist gekommen, im ganzen Gedicht ist er in der Nähe! Nur deswegen ist Sulamith so voller Leben! Im letzten Vers jedoch, in dem sie ihm zuruft: »Flieh, mein Geliebter, sei gleich einem Reh oder einem jungen Hirsch auf den Würzbergen« (8,14), ist die Zeit der Fülle und Erfüllung vorüber. Könnte es sein, dass dieser Vers der Drehpunkt der Waage ist, in deren anderer Schale sich die Klagelieder des Jeremiah befinden? Die Kabbala jedenfalls entdeckt im Hohenlied und in den Klageliedern das antagonistische Prinzip von Gnade und Fülle einerseits und Gericht und Elend andererseits wieder, von dem sie in ihrer Schriftdeutung und Welterklärung ausgeht.

Zu diesen Überlegungen führte uns die Deutung der beiden Verse, mit denen wir uns gerade beschäftigen. Wir stellten sie als ›Anfang im Unteren‹ dem ›Prolog im Himmel‹, als den wir die ersten fünf Verse bezeichneten, gegenüber.

Davon, dass wir uns nun im Unteren befinden, zeugen auch die Weinberge, zu deren Hüterin Sulamith bestellt worden war.

Bevor wir hier weitergehen, lässt sich an dieser Stelle abermals eine Frage an die Verfechter der Theorie richten, die das Hohelied für eine Sammlung von Hochzeitsliedern halten:

Warum spricht Sulamith von ihren Brüdern als »den Söhnen meiner Mutter«? Und wenn schon diese umständliche Bezeichnung, warum nennt sie sie nicht Söhne ihres Vaters, das hätte doch in der patriarchalen Welt, aus der das Hohelied stammt, viel näher gelegen? Darauf mag man zur Antwort erhalten, wahrscheinlich habe ihr Vater mehrere Frauen gehabt, und mit den Söhnen der Mutter seien die Söhne gemeint, die er mit ihrer Mutter zeugte. Das aber würde gleichzeitig bedeuten, dass Sulamith aus einer wohlhabenden Familie stammen müsste, in der der Vater reich genug war, den Brautpreis für mehrere Frauen aufzubringen. Dazu passt, wenn man sich auf diese Lesart einlässt, dass die Verwaltung des Besitzes ganz oder teilweise, wie der Text anzudeuten scheint, unter den männlichen Mitgliedern aufgeteilt war.

Unvorstellbar aber, dass Brüder ihre Schwester als Feldhüterin in die Weinberge geschickt hätten – und dazu hätte sie die Nächte dort verbringen müssen, denn gerade das ist ja die Zeit der Feldräuber! Sie hätte weder die Weinberge bewachen noch sich selber schützen können. Nein, als Feldhüter hat man damals genauso wie heute beherzte Männer eingesetzt, die gegen Räuber eine Chance hatten. Selbst wenn die Brüder sich keine Feldhüter hätten leisten können, dann wäre es selbstverständlich gewesen, dass sie selbst die Weinberge bewachten und nicht etwa ihre Schwester damit beauftragten hätten.

Verstünde man den nächsten Vers – in dem Sulamith anzudeuten scheint, dass sie mit einer Herde unterwegs ist – ebenfalls wörtlich, wäre sie außer Feldhüterin auch noch Hirtin gewesen. Sollte wirklich die Tochter einer wohlhabenden, also angesehenen Familie mit einer solchen Doppelaufgabe betraut worden sein? Nein, junge Mädchen schickte man weder als Feldhüterinnen in die Weinberge noch als Hirtinnen mit den Herden hinaus. Zu groß die Gefahr, die ihrer Unbescholtenheit hier wie dort hätte drohen können. So werden dann auch in der ganzen Schrift nur Hirten und Wächter erwähnt, doch niemals Hirtinnen und Wächterinnen.

Außerdem, der Geliebte nennt Sulamith »Fürstentochter« (7,1) – wann hätten Prinzessinnen je Weinberge bewacht und Ziegen gehütet?

Der Kabbala bereitet dies alles kein Problem; denn die Mutter der Geliebten ist keine Hausfrau, ihre Söhne keine jungen Männer und ihre Schwester weder Hüterin noch Hirtin. Mit der Mutter ist Binah, die obere Mutter, gemeint und mit den Söhnen der Mutter die anderen Sephirot.

Überlesen wir nicht, dass Sulamith zunächst die Töchter Jerusalems beschwört, sie nicht anzuschauen, da sie so sonnverbrannt sei und dann von ihren Brüdern sagt, sie zürnten ihr. Beides gehört zusammen. Sulamith hat an sich einen Mangel festgestellt, etwas, was ihr zugestoßen ist oder was sie versäumt hat. Das fügt sich in unser Verständnis der beiden Verse als Anfang im Unteren und erste Schritte auf der Erde.

Das Wort Weinberg kommt, wie das Wort Garten, im Hohenlied acht Mal vor. In der Acht wird der Kreis, der in der Sieben geschlossen ist, zur Spirale geöffnet. In sieben Tagen hat Gott die Welt geschaffen. Am achten Tag beginnt das Werk des Menschen.

Sulamith geht ihre ersten Schritte in diesem Jenseits von Eden, fühlt sich verbannt und fürchtet, sich im Unbekannten zu verirren. Deswegen ruft sie auch: »Sag mir an, du, den meine Seele liebt, wo weidest du, wo lässt heute am Mittag du lagern? Denn nicht ziellos will ich umherirren bei deiner Freunde Herden.«

Wir werden darauf noch eingehen. Zunächst aber wenden wir uns dem Wort Weinberg, hebräisch *kerem*, zu. Kerem hat den Zahlenwert 260. Damit treffen wir wieder auf eine Zahl, die aufhorchen lässt, denn sie lässt sofort an die Zahl 26 denken, der Summe der im Gottesnamen JHWH enthaltenen Buchstaben (10+5+6+5=26). Das hebt die Arbeit in den Weinbergen aus anderen Arbeiten heraus und lässt sie zum Bild für das große Werk, das Werk am eigenen Leben werden. Wie auf den Weinbergen reift auch dort eine Frucht heran, die einen mehrstufigen Wandlungsprozess durchlaufen muss, ehe sie vollendet ist.

Hier, wo das Wort Weinberg zum ersten Mal gebraucht wird, klagt sich Sulamith an, dass sie die Weinberge der Brüder und nicht ihren eigenen gehütet habe. Zum achten und letzten Mal erscheint das Wort in dem Vers: »Mein eigener Weinberg ist vor mir. Dir Salomo tausend Silberstücke und zweihundert den Hütern seiner Früchte.« (8,12) Sie gibt ihren Weinberg an seinen Eigentümer mit Pachtzins zurück und zahlt denen, die in ihm gearbeitet haben, ihren Lohn. Das Werk ist getan. Dafür stehen die zwölfhundert Silberstücke, die sie Salomo und den Arbeitern schuldig zu sein meint. Zwölf ist hier die Zahl, die den Kreis abschließt und die Vollendung krönt.

Dieser, auf das Ende vorausgeworfene Blick, bestätigt unsere Schau, nach der das Hohelied den Stufen einer Wandlung nachgeht. Einer Wandlung, die allein im Unteren möglich ist, weil es nur hier die Liebe gibt, in der Oberes und Unteres miteinander verschmelzen.

Im letzten Vers vor der ersten Setumah bittet Sulamith ihren Geliebten, sie wissen zu lassen, wo er am Mittag lagern werde, damit sie nicht ziellos zwischen den Herden seiner Gefährten umherirren müsse. Dazu legt der Sohar Rabbi Simon einen Midrasch in den Mund:

> »Solange die Gemeinschaft Israels sich beim Allheiligen befindet, steht der Allheilige, wenn dies zu sagen nicht vermessen ist, in Vollkommenheit, und Freudigkeit und Segnungen gehen von ihm aus und zu den anderen Wesen hin. Wenn die Gemeinschaft Israels aber nicht mehr beim Allheiligen wohnt, dann sind, wenn dies zu sagen nicht vermessen ist, von ihm und von anderen Wesen Segnungen abgehalten. Und dies ist der geheimnisvolle Sinn: dass über jedem Orte, wo nicht Männliches und Weibliches sind, keine Segnungen walten, und darum geht vom Allheiligen ein Brüllen und Weinen aus, wie es heißt: ›Er brüllt an seiner Stätte.‹ Und was spricht er? ›Wehe, dass ich mein Haus verheert und mein Heiligtum verbrannt habe.‹ Und als die Herrlichkeit Israels in die Verbannung gegangen ist, spricht sie zu ihm: ›Künde mir, den meine Seele liebt, du, Geliebter meiner Seele, du, in dem die ganze Liebe meiner Seele lebt, wo weidest du? Wie ernährst du dich aus der Tiefe des nie versiegenden Stromes. Wie ernährst du dich vom Strome des oberen Eden? Wo lagerst du am Mittag? Wie ernährst du alle anderen Wesen, die immer von dir getränkt werden? Und ich war es doch, die jeden Tag von dir getränkt wurde und all die anderen Wesen tränkte und Israel ernährte sich durch mich.‹«[56]

Zum ersten Verständnis muss hier vorausgeschickt werden, dass mit dem Allheiligen Tipheret gemeint ist. Wir erinnern uns, die traditionelle Kabbala scheut sich, die Namen der Sephirot zu verwenden. Wenn immer möglich, gebraucht sie stattdessen andere Bezeichnungen.

Die »Gemeinschaft Israels« ist zunächst eine Umschreibung für Malkuth, bezieht sich aber auch auf das Volk Israel selbst, dessen Schicksal in dem der Malkuth vorgebildet ist.

So demutsvoll auch klingt, was Rabbi Simon hier vorträgt, schaut man es genauer an, spricht er von einem Geheimnis der geheimen Lehre. In anderen Worten sagt er nämlich: Solange Malkuth mit Tipheret ständig verbunden war, war er vollkommen, und Segnung strahlte von ihm auf alles aus. Als aber Malkuth von ihm getrennt wurde, verlor er seine Segenskraft, denn an einem Ort, wo Männliches und Weibliches nicht zusammen sind, gibt es keine Segnungen. Deswegen brüllt und weint Tipheret und klagt sich selber an, sein Haus dadurch verheert zu haben, dass er Malkuth in die Verbannung gehen ließ.

Malkuth weiß, wie es um ihn, den Geliebten, steht. Sie beschuldigt ihn nicht, beklagt nicht ihr eigenes Elend, sondern ist nur voller Sorge um ihn: Wie kannst du die nähren, die dir anvertraut sind? Wo lagerst du am Mittag? – Wo kannst du sie am Strom aus dem oberen Eden, wenn am Mittag alles nach Wasser lechzt, zur Tränke führen? Das habe doch ich für dich getan, solange wir verbunden waren und ich voll der Kraft der Segnungen war, die uns beide erfüllten. Nun aber, da ich nichts mehr habe, was ich geben könnte, muss ich mich vor denen verhüllen, denen ich Nährerin und Freundin war.

Wir treffen hier in anderer Form wieder auf die Lehre von dem Gott, der des Menschen bedarf, der einsam ist, der in all seiner Erhabenheit trauert und sich nicht nur nach Liebe sehnt, sondern auf die angewiesen ist, die seine Liebe erwidern. Auch für ihn gilt, dass da, wo nicht Männliches und Weibliches zusammen sind, weder Segen sein noch von dort ausstrahlen kann.

Damit wird die Liebe zur unentbehrlichen Kraftquelle Gottes. Sie ist wie die Sonne, die alles nährt und erhält. Welche Feuer auch immer die Menschen hier unten entzünden, ihr Rauch kann allenfalls das Licht der Sonne verdunkeln, die Sonne selbst bleibt davon unberührt. Anders das Feuer der Liebe, das fließt dem Göttlichen zu und von ihm als Segnung wieder auf alles zurück.

»Weißt du das nicht?«

»Weißt du das nicht, schönste der Frauen?
Dann folge den Spuren der Schafe und lass
Deine Lämmer grasen bei den Zelten der Hirten.«
Setumah

Die zweite Setumah erfolgt im hebräischen Text bereits nach nur 16 Wörtern. Mit dieser Schließung wird der Text sinnvoll von den nächsten Versen, in denen der Geliebte die Schönheit der Geliebten preist, abgegrenzt. In diesen zwei Sätzen der zweiten Setumah preist er sie ja nicht, sondern antwortet, wie es scheinen könnte, mit leicht vorwurfsvollem Unterton auf ihre Frage, wo er am Mittag seine Herde rasten lasse werde.

Hatte der Sohar schon weit mehr in der schlichten Frage Sulamiths, die zu dieser Antwort führte, als eine Bitte um eine Wegbeschreibung gehört, so entfaltet er aus der Antwort des Geliebten eine neue und überraschende Sicht auf die Bedeutung des geheimen Wissens. Er greift dazu auf die Frage Sulamiths zurück und lässt Rabbi Simon eröffnen, dass immer dann, wenn es in der Schrift heißt: »Sage mir, sagt mir«, nach Geheimnissen der verborgenen Weisheit gefragt würde.

Wir haben schon gehört, dass die Frage nach dem mittäglichen Rastplatz in der Deutung der Kabbala durch die Sorge um das drohende Versiegen des von Eden ausgehenden Stromes eingegeben war. Für Rabbi Simon klingt darüber hinaus allerdings eine zweite Frage mit, die noch tiefer in das Verborgene hineinhört.

> »Geh und schau, was hier steht. Die Seele sagt zu Gott: Lass mich die Geheimnisse der obersten Weisheit wissen. Belehre mich über die Weisheit, mit der du die oberste Welt hütest and leitest. Lass mich die Geheimnisse der Weisheit erfahren, die ich bis jetzt noch nicht kenne, so dass ich mich auf den obersten Treppenstufen nicht schämen muss, denn bis jetzt habe ich sie noch nicht geschaut.«[57]

Mit den »obersten Treppenstufen« – das muss hier zum besseren Verständnis eingeflochten werden – sind die drei obersten Sephirot gemeint, zu denen die Seele einst aufzusteigen hofft.

Die Antwort des Geliebten, die ebenso schlicht und wirklichkeitsbezogen zu sein scheint, wie es die Frage war, und scheinbar nichts mehr als ein praktischer Rat ist, wie

Sulamith den Weg zum mittäglichen Rastplatz finden könne, beschreibt nach dem geheimen Wissen der Kabbala einen ganz anderen Weg.

> »Die Weisheit, über die der Mensch verfügen muss, ist erstens: Er muss das Geheimnis seines Herrn kennen und es erforschen und zweitens, er muss seinen wahren Körper kennen. Er muss wissen, wer er ist, wie er erschaffen wurde, woher er kam, wohin er geht, wie sein Körper zusammengefügt ist und dass er bestimmt ist, vor dem Gericht des Allheiligen zu erscheinen. Drittens muss er die Geheimnisse seiner Seele kennen und erforschen: Was ist diese Seele, die da in ihm ist? Warum ist sie in diesen Körper, der doch nur ein stinkender Tropfen ist, der heute hier und morgen im Grab ist, gekommen? Viertens, er muss die Welt, in der er sich befindet, anschauen und (danach trachten,) wie er sie verbessern kann. Danach wird er die Geheimnisse der Oberen Welt schauen und seinen Herrn erkennen. Dies alles wird der Mensch durch die Geheimnisse der Thora anschauen.«[58]

Wir begegnen hier wieder der gleichen Abfolge, auf die wir schon einmal gestoßen sind,[59] als uns der Sohar mit Atbasch das Geheimnis des vierten Verses erschloss. Dort wurde nach vier Durchgangsstufen der vollendende Abschluss in der fünften Stufe erreicht. So ist es auch hier: In vier Schritten geht der Mensch der Schau der Oberen Welt und seines Herrn entgegen. Nach dem fünften wird sie ihm vielleicht gewährt.

Das ist überraschend und widerspricht unserem herkömmlichen Verständnis vom Primat der Ethik in der Schrift, mit der wir hier das Alte Testament verstehen. Danach kommt es nicht auf das an, was ein Mensch denkt und erkennt, sondern nur darauf, dass er die Gebote JHWHs hält.

Im Neuen Testament wird dieser Primat, vor allem von Paulus, durch den Primat des Glaubens ersetzt: Vor Gott zählt nur, dass der Mensch glaubt. Nur das gewährt ihm Gottes Gnade und nicht »des Gesetzes Werke« – so verstehen ihn jedenfalls Augustinus und Luther. Den Glauben allerdings kann sich der Mensch nicht wie Wissen aneignen. Er wird grundlos dem einen gewährt und dem anderen versagt.

Weder der Primat der Ethik noch der des Glaubens legen dem Erkennen irgendeine Bedeutung bei. Im Gegenteil! Für beide ist das Gnosis – und wer sich damit abgibt, ist heute suspekt, in vergangenen Jahrhunderten drohte ihm der Feuertod oder zumindest der Ausschluss aus der kirchlichen Gemeinschaft.

Für die Kabbala kann sich richtiges Handeln nur aus der Einsicht in die Verflechtung des Unteren mit dem Oberen ergeben. Beides gehört zusammen, und es ist müßig, darüber zu streiten, wem von beiden der Primat zukommt. Von dem Glauben aber, wie er hier kurz umrissen wurde, spricht keiner der kabbalistischen Weisen.

Kehren wir zu unserem Text des Sohar ha-dash zurück! Die beiden ersten Forderungen, die Rabbi Simon in ihm stellt, sind ein Doppelschritt, der sich leichter erschließt, wenn wir uns zunächst fragen, was es bedeuten könne, dass der Mensch seinen wahren Körper kennen und wissen müsse, wie er erschaffen wurde.

Damit werden wir in den Schöpfungsbericht zurückgeführt, in dem es heißt: »Und Gott schuf den Menschen ihm zum Bilde, zum Bilde Gottes schuf er ihn; und schuf sie einen Mann und ein Weib.« (1. Mos.1,127)

Der Streit, ob es sich beim Schöpfungsbericht um Tatsachenwissen oder einen Mythos handelt, gilt seit längerem als endgültig entschieden. Er ist ein Mythos, der vor dem Richterstuhl unserer Wissenschaft nicht ernst genommen werden kann. Alles hat sich aus Materie und den ihr a priori innewohnenden Gesetzen entwickelt. Was bedarf es da noch eines Gottes, der nach seinem Bild den Menschen schafft? Er würde nur stören.

Sollte nun aber Rabbi Simon sich Gott als ein alle Vorstellungen übersteigendes Riesenwesen ausgemalt haben, das winzige Miniaturausgaben seiner selbst gefertigt hätte? Damit würde er zu jenen Fundamentalisten gehören, die sich unbeirrt durch Funde und Fakten über die Evolutionstheorie hinwegsetzen und den Schöpfungsbericht wörtlich nehmen.

Das liegt Rabbi Simon fern. Wer den Schöpfungsbericht – wie die Schrift überhaupt – wörtlich nimmt, dessen Verständnis reicht für mehr eben nicht aus. Der wahre Körper, den es kennenzulernen gilt, weist auf sein Urbild, die zehngliedrige Einheit der Sephirot, zurück. Diesen Körper, nicht den physischen, muss der Mensch erforschen. Aus der Kenntnis des ›oberen Körpers‹ ergibt sich Einsicht in den unteren. Unschwer lässt sich dann auch auf der Tafel mit dem Sephirotsystem eine menschliche Gestalt erkennen. Rabbi Simon sagt also in anderen Worten, dass der Körper des Menschen mit seinen Gliedern und Organen der materielle Schattenwurf Gottes sei. Das ist seine Weise, den Schöpfungsbericht wörtlich zu nehmen und dabei durch ihn hindurch in die Obere Welt hineinzuschauen, vor die er wie ein bewegter Vorhang gespannt ist. Oder sagen wir es so, wie die Kabbalisten selbst ihre Art die Schrift zu lesen beschreiben: Sie lesen außer den schwarzen Lettern, in denen sie geschrieben ist, auch den weißen Raum, der um sie ist – und davon gibt es viel mehr!

Der Mensch muss aber außer seinem Körper noch die Geheimnisse seiner Seele erkennen und erforschen. Damit sind die drei Seelenglieder gemeint, die im menschlichen Körper inkarniert sind. Dazu ein Abschnitt aus dem Sohar:

> »Komm und sieh, die Nefesh herrscht bei Nacht, die Ruah aber am Tag … Nun könntest du sagen, dass diese zwei Schichten voneinander getrennt sind, doch das ist nicht so, tatsächlich nämlich sind sie in einer Einheit verbunden. Es gibt darüber noch eine höhere Seele, die über sie gesetzt und mit ihnen verbunden ist, und diese Seele wird Neshamah genannt. Diese (drei) Schichten stellen das Geheimnis der Weisheit dar und wenn (Nefesh und Ruah) aufsteigen, dann kann der Mensch durch sie die obere Weisheit verstehen. Dann tritt die Neshamah in sie ein und haftet an ihnen, und wenn diese herrscht, dann wird dieser Mensch ›heilig‹ genannt und vollkommen in jeder Hinsicht …«
> Die Nefesh ist der unterste Stimulus, sie ist dem Körper am nächsten und sie ernährt ihn. Der Körper hängt von ihr ab … sie wird zum Thron, auf dem sich Ruah niederlassen kann. […] Nachdem beide zubereitet sind, können sie die Neshamah empfangen und Ruah wird zum Thron der Neshamah. Die Neshamah ist verborgen, die höchste von allen, die Verborgenste der Verborgenen.«[60]

Der Text bedarf an sich kaum weiterer Erklärung. Wenn es heißt, dass die Nefesh bei Nacht herrsche, so ist damit gemeint, dass sie die vegetativen Vorgänge steuere. In der Ruah spielen sich jene Seelenregungen – Denken und Fühlen – ab, derer wir uns bewusst werden. Doch erst wenn Nefesh und Ruah aufsteigen, wenn Ruah als Thron zubereitet ist, lässt sich die Neshamah auf ihr nieder und verbindet sich mit den beiden unteren Seelengliedern.[61]

Das Bemühen um die Kenntnis der oberen Geheimnisse ist kein Selbstzweck, dient zu keiner Anwendung, wie etwa das Studium der Hebelgesetze bei der Konstruktion von Maschinen. Kabbalistisches Forschen ist der feinfühligen Dressur eines Pferdes zu vergleichen, das zum Ziel hat, Reiter und Pferd schließlich in vollendeter Harmonie zu vereinen. Reiter und Pferd unterziehen sich der langjährigen Mühe nicht zuletzt deswegen, um vom Publikum bewundert und mit Pokalen ausgezeichnet zu werden. Würde ein Kabbalist nach Ehrungen trachten, ruhmsüchtig sein Wissen ausbreiten – niemals würde seine Ruah zum Thron der Neshamah. Willentliche Anstrengungen, Meditationsübungen, ein umfassendes Studienprogramm, sie mögen hilfreich sein, erzwingen können sie jedoch nichts. Die Neshamah nimmt auf ihrem Thron Platz, wenn ihre Zeit gekommen ist. Sie gleicht darin einem Samen, der lange wie erstorben auf dem Boden gelegen hat, dann aber nach seinen eigenen Gesetzen Wurzeln in den Boden senkte und sich zur Pflanze entwickelte.

Das heute insgeheim den Vorstellungen über die Seele zugrunde liegende Modell, dass sie ein organischer Computer sei, und sie mit ihrem physischen Substrat, dem Körper, stirbt, widerspricht dem kabbalistischen Verständnis zutiefst.

> »Als einst der Allheilige die Welt erschaffen wollte, da kam es in seinen Willen, alle Seelen zu bilden, die künftig unter den Menschen sein sollten, und jede bekam auch jene Gestalt, die sie künftig unter den Menschen tragen sollte. Er betrachtete jede einzelne: da gab es manche, welche ihren Weg in der Welt zur Schande führen sollte. Kam dann ihre Zeit, dann rief der Allheilige eine solche

> Seele und sprach zu ihr: ›Geh, steige hinab an diesen Ort, in diesen Körper!‹ Und sie entgegnete dem Herrn der Welt: ›Ich bin befriedigt, in dieser Welt zu weilen, ich mag nicht in eine andere gehen, wo sie mich knechten und ich unrein werde.‹ Sprach der Allheilige: ›Von dem Tage an, da du erschaffen warst, warst du für diese Welt erschaffen.‹ Als die Seele dies sah, stieg sie gegen ihren Willen hinab und trat in diese Welt ein. Die Thora, welche Rat gibt der ganzen Welt, sah dies, da mahnte sie die Menschen und sprach: ›Schauet, wie der Allheilige mit euch Erbarmen hat! Die kostbare Perle, die so hohen Wert besitzt, steigt herab zu euch in die Knechtschaft dieser Welt.‹«[62]

Nach diesem Zitat, das fast um beliebig viele andere vermehrt werden könnte, gibt es für den Sohar nicht den mindesten Zweifel an der Präexistenz der Seele. Nach dem Tode kehrt die Seele wieder an den Ort zurück, von dem sie herabgestiegen ist und in dem sie all das erlebt und geschaut hat, nach dem sie sich hier unten immerzu sehnt.

Doch warum wird ihr dieses Leiden auferlegt? Als einst diese Frage Rabbi Simon gestellt wurde, antwortete er mit einer überraschenden Auslegung des Verses aus den Sprüchen: »Trink Wasser aus deiner eigenen Zisterne und fließendes Wasser aus deiner eigenen Quelle.« (Sprüche 5,15) Er erklärt dazu:

> »Das Wasser in einer Zisterne fließt nicht von allein. Wenn aber fließt das Wasser? Wenn die Seele in dieser Welt vollkommen ist, wenn sie zu der Stelle aufsteigt, mit der sie verbunden ist. [...] Und wenn die Seele aufsteigt, dann wird der Wunsch nach dem Weiblichen im Männlichen erweckt, und dann fließt das Wasser von unten nach oben, und die Zisterne wird zu einer Quelle lebendigen Wassers.«[63]

Die in das Untere abgestiegene Seele, will er sagen, gleicht dem ›toten‹ Wasser der Zisterne, einem Wasser ohne Energie und Dynamik. Das Wasser in einer Zisterne kann ohne Einwirken von außen nicht zu fließen beginnen. Anders die Seele, wenn sie sich vervollkommnet, dann wird sie leichter, darin dem Dampf ähnlich, der von erwärmtem Wasser aufsteigt. Die in der Seele einsetzende Veränderung wird von oben bemerkt und erweckt dort – im Männlichen – den Wunsch nach dem Unteren. Wenn das Untere sich dem Oberen zuwendet und wie die Geliebte am Eingang des Hohenliedes ruft: »O zieh mich doch herauf zu dir« (1.4), dann reicht ihm das Obere die Hand, und jetzt kann, im Bild unseres Textes, das Wasser von unten nach oben fließen: Die Zisterne ist zu einer lebendigen Quelle geworden und fließt dem Oberen zu!

Auf den in dieses Bild gebrachten Gedanken sind wir schon am Anfang gestoßen, als wir sagten, dass sich in Mangel und Elend etwas kristallisiert, das nur der Erde eigen ist, ohne das aber die Schöpfung nicht vollständig wäre.

Wir werden in dieser Sicht bestätigt, wenn wir uns jetzt mit der kabbalistischen Auslegung des zweiten Teils der Antwort beschäftigen, die Sulamith auf ihre Frage nach dem mittäglichen Rastplatz erhält. Aus dem Rat: »Dann folge den Spuren der Schafe und lass deine Lämmer grasen bei den Hütten der Hirten«, entwickelt Simon eine bemerkenswerte Auslegung:

> »Wenn du ohne Wissen gekommen bist, bevor du hierher kamst, kein Verständnis der Weisheit entwickelt hast, und wenn du die Geheimnisse der Oberen Welt nicht kennst, dann ›gehe hinaus‹ – denn dann bist nicht wert, dort (ins Obere) ohne (diese) Kenntnis einzutreten. ›Geh hinaus

und folge den Fußspuren der Schafe, und erwirb (dir) Wissen bei den Fußspuren der Schafe‹; das sind die Menschen, die niedergetrampelt wurden, doch sie kennen die Geheimnisse ihres Herren, und bei ihnen wirst du erfahren wie du Verstehen und Wissen erwerben kannst. [...] ›Bei den Hütten der Hirten‹ – bei den Synagogen und Schulen wo die Weisheit vom Oberen gelehrt wird.«[64]

Die Niedergetrampelten, die Verlachten und Verspotteten, die am Ursprung des Unteren im Oberen festhalten, sind die, die den Weg zum Rastplatz in der Überhelle des Mittags, wenn die Sonne gleißend im Zenith steht, weisen. Dort, bei den Hütten der Hirten, wo die Weisheit des Oberen gelehrt wird, dort sind Schatten und Schutz zu finden. Ohne diese Trittspuren im dürren Land müsste sich Sulamith verirren; folgt sie ihnen aber, findet sie den, den ihre Seele sucht.

Doch reicht die zum Auffinden der Hütten der Hirten gewährte Zeit für das Erlernen des Wissens vom Oberen, für die ›Autodynamisierung‹: das große Werk der Seele an sich selbst? Gelegentlich vielleicht, doch meist ganz sicher nicht. Ob es nun diese Überlegung war oder ein aus alten Zeiten überkommenes Wissen, lässt sich heute nicht mehr entscheiden, jedenfalls kennen schon die ältesten kabbalistischen Zeugnisse die Reinkarnationslehre. Allerdings, das muss hinzugefügt werden, gehört sie nicht zum tragenden Fundament der Kabbala, und so wird sie auch im Sohar, auf den wir uns hier beziehen, nur gelegentlich gestreift.

Wenn die Reinkarnationslehre dort nur eine sehr geringe Bedeutung hat, so könnte das auch daran liegen, dass eine zu intensive Beschäftigung mit wiederholten Erdenleben der fünften Forderung Rabbi Simons, jener Forderung, auf die die vorangegangenen als auf ihre Quintessenz zulaufen, entgegenstehen könnte. Er sagte doch, dass der Mensch die Welt, in der er sich befindet, anschauen und danach trachten müsse, wie er sie verbessern könne, erst danach würde er die Geheimnisse der Oberen Welt schauen und seinen Herrn erkennen.

In anderen Worten soll damit angedeutet werden, dass die aus dem Oberen gewonnenen Kenntnisse über die Geheimnisse des Leibes und der Seele dem Werk am und im Unteren zugute kommen sollen. Das Untere hat nicht nur eine physikalische Schwerkraft, die alles fest an sich bindet. Der physikalischen entspricht eine seelische Schwerkraft, die, je länger die Menschen ihr ausgesetzt sind, sie umso mehr in sich hineinsaugt, bis dahin, dass sich aus ihr geradezu eine Feindschaft gegen das Obere entwickelt, das zur Traumkulisse der Phantasten, zum Wolkenkuckucksheim, erklärt wird. So nehmen Verirrung und Ratlosigkeit ständig zu, weil Maßstab und Orientierung, die nur aus dem Oberen gewonnen werden können, verloren gehen.

Niemand kann so vermessen sein zu behaupten, er kenne die geheimen, im Oberen verwahrten Pläne, sei im Besitz der ›Geheimnisse des Oberen‹. Doch wer sie leugnet, wird jene Hinweise, die im Unteren durchaus wahrnehmbar sind, übersehen. Er selbst hat sich für sie blind gemacht. Auch die alte christliche Theologie kannte noch die *vestigia die* (die Fußspuren Gottes), von denen es schien, als seien sie geradezu mit Vorbedacht hier angebracht worden, damit man sie bemerke, sie erforsche, und das, was sie lehren, als Erkenntnisprinzip bei der Erforschung anderer Erscheinungen zugrunde lege. Das würde der vierten Forderung Rabbi Simons gerecht, nach der der Mensch die Welt, in der er sich befindet, anschauen und danach trachten muss, sie zu verbessern. Dann, so hieß es weiter, würde er die Geheimnisse der Oberen Welt schauen und seinen Herrn erkennen, und dies alles würde ihm durch die Geheimnisse der Oberen Welt offenbar.

Der letzte Satz ist der kürzeste Begriff, auf den man Kabbala bringen kann. Alle Weisheit ist für sie in der Thora beschlossen – die voll der Geheimnisse der Oberen Welt ist – und kann in ihr gefunden werden.

Wir haben mittlerweile genügend Beispiele dafür kennengelernt, wie das zu verstehen ist und sträuben uns, es gutgläubig hinzunehmen. Was lesen denn Rabbi Simon und seine Gefährten in der Thora? Das ist doch nicht der schwarz auf weiß gedruckte Text, sondern das, was sie auf ihn projizieren! Aber langsam! Gerade haben wir noch von den Stellen der materiellen Welt gesprochen, an denen ihr die Fußspuren Gottes eingeprägt zu sein scheinen. Viel mehr solcher Stellen als in der materiellen Welt finden die Kabbalisten in der Thora, der Schrift. Sie behaupten nicht, dass jede ihrer Deutungen richtig sei. Sie haben kein Lehramt, das darüber entscheidet und diese Deutung als glaubenskonform, jene als häretisch zurückweist. Im Sohar findet man oft unvereinbare Deutungen hintereinander gereiht. Hat man übersehen, dass viele dieser Deutungen sich gegenseitig ausschließen? Natürlich nicht! Doch darauf kommt es nicht an. Die einzelnen Deutungen lassen sich vielleicht mit den Instrumenten eines Orchesters vergleichen. Die Geigen, Oboen, Flöten, Celli, Fagotte unterscheiden sich in ihren Obertönen. Das macht ihren Reiz und ihre Eigenart aus. Ihren Zusammenklang aber beeinträchtigt es nicht, im Gegenteil, es bereichert ihn, vorausgesetzt, sie sind auf den gleichen Ton gestimmt. Der Ton, auf den die Deutungen der Kabbala abgestimmt sind, ist das Obere, sind die Sephirot, die verdichtet im Namen JHWH erscheinen.

Die Bindung an die Schrift verhindert, dass die Spekulationen sich ins Uferlose ergießen und wahnhaft werden. Was aber entdecken die alten Meister in der Schrift? Sie entdecken sich selbst!

Sie projizieren also doch ihr Unbewusstes auf sie! Ist ihr Unbewusstes nicht aber ebenso erschaffen wie alles andere auch? JHWH schaute in die Thora, heißt es, als er die Welt schuf. Sie ist der Bauplan, nach dem sie geschaffen wurde und der Code, der das Werden des Weltalls auch jetzt noch steuert. Die Schrift ist mithin allem Seienden eingeprägt – besonders aber dem Menschen und hier vor allem seiner Seele. Deswegen trifft der Mensch, »der Tag und Nacht die Thora meditiert« (Ps. 1,2) in ihr auch auf sich selbst. Er wird durch sie nicht nur, wie Rabbi Simon sagt, die Geheimnisse der Oberen Welt schauen und seinen Herrn erkennen, er wird auch diese Welt in einem anderen Licht sehen – und erst dann kann er sie verbessern, und das bedeutet: befrieden, bewahren, ordnen und heilen.

Was berechtigt zu dieser geradezu vermessen klingenden Behauptung?

Die Kabbala ist wie eine Schusterwerkstatt, in der die Sohlen an das Oberleder geheftet werden. So entsteht ein Ganzes – der Schuh. Das Obere wird in das Untere einbezogen, das Untere mit dem Oberen verbunden und deswegen ist der, der die Schrift meditiert wie ein »Baum gepflanzt an den Wasserbächen, der seine Frucht bringt zu seiner Zeit, und seine Blätter verwelken nicht; und was er macht, das gerät wohl«. (Ps. 1,2)

Bei dieser Art des Schriftstudiums erschließt sich ihm, dass die Schrift auf Zahlen gegründet ist, die oft in einem überraschenden Spiel miteinander verbunden sind. Er stößt auf rhythmische Strukturen, die sie wie Schwingungen durchziehen und erfährt, dass Zahlen Qualitäten sein können und ihr Symbolwert oft mehr aussagt als das, was sie zählen oder messen. Wer, durch diese Art des Schriftstudiums geschult, in die Welt der Erscheinungen blickt, trifft dort auf Bekanntes und weiß, dass man diese Welt, versteht man sie nur quantitativ, ebenso missversteht wie die Schrift, wenn sie man sie gewissermaßen nur zweidimensional liest, denn nur in ihrer dritten Dimension sind ihre Höhen und Tiefen verborgen.

Wir können die Deutungen und Überlegungen zu der scheinbar so schlichten Frage nach dem Weg und die Antwort darauf: »Weißt du das nicht?« nicht ohne einen Hinweis auf die Gefahren, die mit der Kabbala verbunden sein können, abschließen.

Uns ist klar, wir haben gerade darüber gesprochen (und die Kabbala weiß es insgeheim auch), dass keins der Geheimnisse, das sie in der Schrift fand, hätte entschlüsseln werden können, hätten die Meister des Sohar es nicht in sich selbst gefunden. Atbasch und das Wissen um die Geheimnisse der Zahlen und Buchstaben helfen, nur etwas zu Tage zu bringen, was bereits in denen vorhanden ist, die danach suchen.

Dann aber könnte es genügen, in sich zu schauen, um dort auf eben die Gedanken, Einsichten und Zusammenhänge zu stoßen, die die Kabbala in der Schrift verborgen entdeckt?

Das ist nicht selten geschehen. Immer haben sich Einzelne auf diese Reise ins Innere gemacht. Manche sind dabei gescheitert und blieben verschollen. Einige wenige aber sind mit tiefen Einsichten zurückgekehrt und haben das Wissen der Menschen um sich selbst erweitert. Andere sind gar nicht weiter vorgedrungen, sondern haben flüchtige Nebelfetzen für das gehalten, was sie suchten, und sind damit auf den Markt gegangen. Der Erfolg, der ihnen dort beschieden war und ist, hat sie selbst und vor allem andere verführt.

Wer könnte übersehen, dass die Kabbala dazu benutzt wird, aus der Leichtgläubigkeit der Menschen Gewinn zu ziehen?

Tarotkarten sollen dazu dienen, die Zukunft vorauszusagen und die Vergangenheit zu deuten, magische Praktiken sollen bösen Einflüssen wehren.

Von all dem will die Kabbala des Sohar nichts wissen. Sie warnt eindringlich vor dieser ›angewandten Kabbala‹. Anders als die ahnungslosen rationalen Skeptiker, die diesen Rückfall ins magische Denken als Hokuspokus belächeln, sieht sie voraus, wohin die Entwicklung führen wird. Kein Zweifel, die ersten Voraussagungen stellen sich oft als zutreffend heraus – wie immer man das auch erklären will. Daraus entwickelt sich schnell Abhängigkeit, und am Ende stehen seelische Lähmung und ängstliche Versklavung.

Magische Praktiken, Evokationen von Geistern, Liebeszauber und was sonst noch mit der Kabbala zu einem dunklen und bedrohlichen Amalgam verrührt und verschmolzen wird, öffnet nicht für die Obere Welt, es öffnet jedoch die Verliese der Unteren.

Nach dem Weg dorthin hat Sulamith nicht gefragt.

Der Auszug aus Ägypten

»Der Stute am Streitwagen des Pharao
Vergleiche ich dich, meine Freundin.«

Wir erwähnten schon eingangs,[65] dass die Hauptspur, die der Sohar ha-dash in das Hohelied legt, mit dem 11. Vers abbricht, und erklärten dies damit, dass der Autor wohl überzeugt gewesen sei, dass, nachdem er die beiden Pole der Thora – die Schöpfung und die Offenbarung am Sinai – in den ersten 11 Versen wiederentdeckt und entschlüsselt habe, die noch folgenden Verse dies nur noch bestätigen und ergänzen könnten.

Mit dem Vers: »Der Stute am Streitwagen des Pharao vergleiche ich dich, meine Freundin«, dem 1. der 3. Setumah, dem wir uns jetzt zuwenden, haben die Kommentatoren ihre Not. Sie müssen erklären, wie ein Pferd an einem Streitwagen zum Bild für »die schönste aller Frauen« werden konnte.

Die Streitwagen der Antike entsprechen unseren Panzern. Eine in geschlossener Formation heranpreschende Armee von Streitwagen, zumal wenn sie Unbewaffneten, wie es die flüchtenden Israeliten ja waren, nachjagte, muss lähmende Todesfurcht ausgelöst haben. Mit einem der schäumenden Rosse vor einem ägyptischen Streitwagen wird hier nun aber die Geliebte verglichen. Damit könnte entfesselte Aggression beschrieben werden, aber doch nicht liebende, zärtliche Hingabe!

Einige Kommentatoren lösen deswegen das Bild aus seinem Zusammenhang und deuten die Stute als Symbol grazieler, anmutiger Weiblichkeit. Andere meinen, in der Stute vor dem Wagen und dem Krieger, der ihn lenkt, sei der Liebesakt umschrieben, und wieder andere ziehen es vor, das unverständliche Bild zu übergehen.

Für Rabbi Simon lässt sich der Sinn des Verses nur aus dem geheimen Wissen erschließen. Er greift dazu auf den Bericht vom Auszug Israels aus Ägypten zurück.

»›Er (der Pharao) nahm sechshundert ausgesuchte Streitwagen und alle anderen Streitwagen der Ägypter.‹ (2. Mos. 14,7) Komm und sieh: Die Weisheit der Ägypter bestand darin, dass sie bei allem, was sie unternahmen, auf höhere Weisheit zurückgriffen. Der Pharao war sehr weise, denn die Ägypter machten nur den weisesten zum König. Deswegen steht hier geschrieben ›er nahm‹ – er nahm alles mit Hilfe der Weisheit, deren Rat er zu seinem Vorteil befolgte. [...] Er begab sich in seine Gemächer und suchte alle magischen Anweisungen heraus, die er besaß und stellte Zauberzeichen und magische Mittel her. ›Danach nahm er 600 ausgesuchte Streitwagen.‹

›Ausgesucht‹ – das bedeutet: mit der wirksamsten Zauberei und Magie ausgerüstet. Das geschah nach dem Rat, der ihm von oben, von dem Engel, der über die Ägypter gesetzt ist, erteilt worden war. Dann setzte er die 600 ausgesuchten Wagen, die voller gegen Israel gerichteter Magie und Zauberei waren, in Marsch (...)

›Mit den Dritten auf jedem Wagen (...)‹ (2. Mos. 14,7) Wer sind diese ›Dritten‹? – Eben dies sind die Zaubermittel, die in jeweils drei Reihen eingraviert waren. Auch die unreinen Namen waren in Reihen von je drei Buchstaben angeordnet. Das war alles in die buntbemalten Wappenschilde nach einem von oben gegebenen Rat, eingraviert. [...] Diese ›Dritten‹ dienten als verschiedene (magische) Panzerungen gegen die Schechinah, die sich vor Israel gestellt hatte.«[66]

Wenn wir in unseren Bibeln den von Rabbi Simon zitierten Vers aufschlagen, lesen wir nichts von »den Dritten auf jedem Wagen«, stattdessen »die Hauptleute über all sein Heer« (Luther) oder »drei Mann auf jedem Wagen« (Einheitsübersetzung). Tatsächlich aber ist es Rabbi Simon, der den hebräischen Text ganz wörtlich und ohne den Versuch, einer Sinnanpassung nimmt.[67] Welchen Sinn aber könnten die »Dritten« auf den Wagen haben? Damit ist die Magie gemeint, in der die Ägypter Meister waren. Die »unreinen Namen« sind die magisch-dämonischen Unheilskräfte, die der Pharao beschworen und in Dienst genommen hatte und mit deren Beistand er vorrückte.

»Alsbald ›verhärtete JHWH das Herz des Pharao, des Königs von Ägypten, so dass er den Israeliten nachjagte und die Kinder Israels mit der erhobenen Hand weiterzogen‹ (2. Mos. 14,8). Es steht hier nicht ›mit erhobener Hand‹, sondern ›mit der erhobenen Hand‹. Israel sah die große Hand.[68] Der Allheilige, gelobt sei er, hatte in diese Hand all die Feldzeichen, all die Soldaten und all jene Kräfte (der Ägypter) jeweils in der Weise eingraviert, in der diese Zaubereien und Bannzeichen angefertigt worden waren, als sie mit dieser Magie vorrückten. Diese ›Hand‹ war beschrieben worden, um den Magiern entgegenzutreten, damit ihre Magie durch das Bild zunichte würde, das in diese Hand eingeschrieben war.«[69]

Was Rabbi Simon schildert, ist dem alten Denken wohl vertraut und z.B. in ländlichen Gegenden Chinas heute noch geübte Praxis. Wenn dort Spiegel an den Hauseingängen angebracht werden, dann sollen damit die Dämonen vom Anblick ihres eigenen Spiegelbildes vor sich selbst so erschreckt werden, dass sie gewissermaßen vor sich selber flüchten. Dahinter steht die gleiche Vorstellung, die zum Abbilden der Streitmacht des Pharaos in der »Großen Hand« führte. Die in die Große Hand eingravierten Abbilder des magischen Arsenals der Ägypter warfen dies wie durch einen Brennspiegel verstärkt auf sie selbst zurück. Das verwirrte sie und führte zu ihrem Untergang.

Rabbi Simon erkennt selbst, dass damit der Vergleich der Geliebten mit der Stute am Wagen des Pharao noch nicht erklärt ist. Dazu greift er auf ein alternatives Verständnis für »ich vergleiche dich« zurück, denn dieses Verb mit angehängtem Akkusativobjekt kann auch als »ich mache dich schweigen«[70] gelesen werden. Diese Lesart öffnete ihm einen kurzen Durchblick auf das hintergründige Geschehen. Er hält allerdings nicht an diesem Verständnis fest, sondern auch er liest das Wort, wann immer er sonst auf es zurückkommt, als »ich vergleiche dich«.

> »Kehren wir zu unserem ursprünglichen Gedanken zurück. Als der Allheilige, gelobt sei Er, sie (die Schechinah) beauftragt hatte, den Soldaten und Truppenführern im Unteren voranzustehen, sang sie von Anbeginn einen Lobgesang, ohne für einen Augenblick zu verstummen, und auch alle ihre Soldaten sangen … Preislieder … Aber der Allheilige, gelobt sei Er, wünschte keinen Lobgesang zu diesem Zeitpunkt … deswegen hieß Er sie schweigen und sie unterbrachen den Lobgesang, den sie angestimmt hatten. […]
> Als die Pferde und die Streitwagen des Pharao sich ins Meer stürzten, und die Israeliten die großen Dinge und die Wunder sahen, die der Allheilige, gelobt sei Er, für sie verrichtet hatte, warfen sie sich zur Erde, um ein Lied für sie (die Schechinah) zu singen, und der Allheilige, gelobt sei Er, ließ sie gewähren, wie geschrieben steht: ›Dann sangen Moses und die Kinder Israels JHWH dieses Lied‹ (2.Mos.15,1). […] Da hatte er wegen der Liebe und der Sehnsucht der Geliebten gewünscht, das ihr auferlegte Schweigen zu beenden … und er sagte: ›Der Stute am Kriegswagen Pharaos vergleiche ich dich, meine Freundin‹ – nur als die Rosse und die Streitwagen heranrückten und Israel verfolgten, ›habe ich dich schweigen geheißen, meine Freundin.‹«[71]

Die Schechinah, die Geliebte, wird nicht deshalb mit der Stute vor dem Streitwagen des Pharao verglichen, weil sie von edlerem Wuchs als alle Pferde und prächtiger geschmückt war als sie. Wer hätte in seiner Todesangst beim Anblick der heranjagenden Streitmacht des Pharao dafür einen Blick gehabt? Der Pharao in seinem Streitwagen stürmte den sechshundert Kampffahrzeugen voran, und so bildete die Stute vor seinem Wagen die Spitze der ägyptischen Streitmacht, der die anderen folgten – wie Moses und die Israeliten der Großen Hand folgten. Das führte zum Vergleich der Geliebten mit der Stute am Wagen des Pharao. Die Stute, verwirrt durch ihre Reflektion, die aus der Großen Hand ihr entgegengeschleudert wurde, stürmte der ganzen Streitmacht voran ins Verderben und verstummte für immer, als die Wasser zurückfluteten.

Die Schechinah aber, die große Hand, führte Moses und sein Volk in das Leben auf der anderen Seite. Erst als die erreicht war und das Volk seine Prüfung bestanden hatte, durften Preislieder gesungen werden. Der Pharao hätte ja auch siegen können, dann wären die vorzeitig gesungenen Loblieder in Klagegeschrei übergegangen und zu Hohn und Spott für Moses und den geworden, in dessen Auftrag er handelte. Deswegen war den Flüchtenden Schweigen auferlegt worden.

Um was ging es bei der Flucht aus Ägypten? Nur vordergründig wollte der Pharao seiner entlaufenen Sklaven wieder habhaft werden, hintergründig stand weit mehr auf dem Spiel – mehr als dem Pharao selber bewusst war. Er stand im Dienst derer, die er in Dienst genommen zu haben meinte. Es sollte verhindert werden, dass ein ganzes Volk aus einem alten Geisteszustand ausbrach und in einen neuen hineinwuchs und so zum Erstling unter den Völkern wurde.

Der Pharao und Ägypten stehen für die Vielzahl der Götter, für Zauberei und Magie. Das musste Israel hinter sich lassen. Fortan sollte es nur noch einen Gott und keinerlei Rückgriff auf dämonische Mächte mehr geben.

Das ist in die ersten zwei der zehn Gebote, die Moses vom Sinai mit herabbrachte, eingemeißelt:

> Du sollst keine anderen Götter neben mir haben.
> Du sollst dir kein Bildnis noch irgendein Gleichnis machen, weder des, das oben im Himmel, noch des, das unten auf Erden, oder des, das im Wasser unter der Erde ist. Bete sie nicht an und diene ihnen nicht …
> Du sollst den Namen des Herrn, deines Gottes nicht missbrauchen. (2. Mos. 20,4)

Das Verbot, den Gottesnamen nicht zu missbrauchen, bestand nicht etwa in der Forderung, keine Kraftausdrücke zu gebrauchen, sondern darin, diesen Namen nicht zu Beschwörungen und magischen Ritualen zu benützen. – Das ist ein weiterer, oft übersehener Grund, warum es für die Konsonanten JHWH keine Aussprache gibt, denn in Ritualen muss der Name dessen, den man beschwört, ausgesprochen werden. Die schriftliche Präsentation von Konsonanten allein kann nichts bewirken.

Da der Glaube an Gott in unserer Zeit immer weniger Bedeutung hat, gehen wir heute über die ersten zwei Gebote, als eine eher nebensächliche Präambel hinweg und glauben, den Kern der Gebote mache aus, dass sie verbieten zu töten, die Ehe zu brechen, zu stehlen, falsches Zeugnis abzulegen und zu versuchen, das, was dem Nächsten gehört, an sich zu bringen. Ähnliche Gebote haben auch andere Völker gehabt. Das Neue, das Umstürzende, war die Abkehr von der alten Religion, etwas, was in dieser Radikalität zuvor von keinem anderen Volk gefordert worden war.

Dieser Religionswechsel griff umgestaltend in das Bewusstsein des Volkes ein, das ihn vollbrachte. Damals ereignete sich ein geistig-seelischer Polsprung im Abendland, der bis in die Gegenwart nachwirkt.

Versucht nicht nun aber die Kabbala, diesen Schritt wieder rückgängig zu machen? Widerstreitet sie nicht der Alleinherrschaft des Nur-Vernünftigen? Sieht sie das Irdische nicht als transparent für eine andere Dimension an, und sucht sie in der Schrift nicht nach in ihr verborgenen geheimen Erkenntnissen? Von da ist es doch nur noch ein Schritt zu Zauberei und der Magie, und damit wird sie ja auch oft genug in Verbindung gebracht.

Doch diese Art von Kabbala, eine Kabbala, die sich mit Magie und Zukunftsdeutung abgibt, ist nur ein auf einen dunklen Spiegel geworfenes Zerrbild. Der Kabbala des Sohar sind magische Praktiken ein Greuel und ein Rückfall in die Zauberei der Ägypter. Dabei ist durchaus denkbar, dass einiges von dem, was heute als praktische Kabbala angeboten wird, tatsächlich verblasste Kopien aus den Archiven des Pharao sind. Das Wahrsagesystem der Tarotkarten beruft sich ja auch ausdrücklich auf seine ägyptische Herkunft.

Wir sagten schon, dass der Durchzug durch das Rote Meer eine kollektive Bewusstseinsänderung einleitete und einen entscheidenden Schritt in dem immerwährenden Aufklärungsprozess der Menschheit darstellte. Dem Volk wurde nach dem Durchzug durch das Rote Meer das Gesetz auferlegt, das wie nichts sonst die Bewusstseinsentwicklung fördert. Der Funke vom Roten Meer und Sinai ergriff zunächst nur ein Volk, von dem sprang er Hunderte von Jahren später über das Christentum auf das Abendland über.

Der damals eingeleitete Prozess ist längst nicht abgeschlossen, er kann überhaupt nie abgeschlossen werden und fordert immer wieder die Loslösung aus den Verhaftungen an das

Überlebte, an das, was einst dem Leben Schutz und Halt gab, dann aber zur einengenden Verkrustung wurde.

Dabei kann es – und wir sind in einer solchen Periode – zur Fetischisierung des Verstandes und des Bewussten führen, das heißt: Das kritiklose Vertrauen in das Zähl- und Messbare kann die Stelle dessen einnehmen, von dem es zu befreien versprach, und zu einer neuen Versklavung führen.

Ob die Flucht aus Ägypten und der Durchzug durch das Rote Meer wirklich stattgefunden haben, ist für uns unerheblich. Längst sind daraus Großsymbole für einschneidende Veränderungen geworden. So haben schon die Kirchenväter die Abkehr von den antiken Göttern als den Auszug aus Ägypten und das Durchschreiten des Taufbeckens als den Gang durch das Rote Meer gedeutet. In der Gegenwart wird dieser Auszug in der Befreiungstheologie als eine Metapher dafür verstanden, dass Gott mit denen ist, die sich aus versklavender, wirtschaftlicher Unterdrückung befreien wollen.

Die Deutung der ersten Verse des Hohenliedes kreisten um die Sexualität, die so lange eine dumpfe Triebkraft bleibt, bis in ihrem Spiegel die Obere Welt erkannt wird. Die Deutung des zunächst so befremdlichen Bildes von der Stute am Wagen des Pharao lehrte, dass nicht nur die Sexualität, sondern das ganze Bewusstsein aufgerufen ist, den Zug durch das Rote Meer zu wagen. Das könnte nicht gelingen, wenn die »Große Hand« diesen Zug nicht leitete und schützte – das aber heißt, die Bewusstseinsentwicklung ist nur scheinbar ein in den menschlichen Genen angelegter autonomer Evolutionsprozess. Sie ist gewollt und geleitet.

Was könnte heute aus der Sicht der Kabbala der Auszug aus Ägypten bedeuten?

Ägypten mit seinen Kulten und seiner Vergötterung des Luxus steht für die pseudoreligiöse Hingabe, mit der Fans ihre Stars verehren. Es steht für die Welt des Hochglanzlächelns der chronisch Erfolgreichen und Superreichen, den auf Erden wandelnden Göttern unserer Tage. Es steht für die zur optimierten Ausbeutung manipulierten und stets von neuem angefachten Wünsche, für die dirigierten Meinungen, für die verbogenen Wahrheiten und Scheingefechte der Politik. Der Pharao bedarf all dessen zur Aufrechterhaltung seiner Trugwelt. Einen Massenausbruch muss er heute nicht mehr befürchten. Mit ihren unsichtbaren Netzen haben die Medien das Bewusstsein eingefangen und gefesselt. Dem zu entrinnen, ist womöglich noch schwerer, als es seinerzeit der Auszug aus Ägypten war. Kein Moses schreitet voran, keine Wolkensäule weist bei Tag den Weg und keine Feuersäule bei Nacht, und nicht Hunderttausende sind auf dem gleichen Weg. Dennoch, auch dieser Auszug könnte unter dem Schutz der Großen Hand stehen. Allerdings, nur allein, zu anderen bestenfalls in Rufweite, lässt sich heute das Rote Meer noch durchschreiten.

Schmuck und Vollendung

»Wie schön sind deine Wangen zwischen den Ringkettchen
Und dein Hals mit der Perlenschnur!
Wir machen dazu dir noch
Goldne Ohrringe mit silbernen Kügelchen.«

Wir wenden uns jetzt der Deutung der Verse 10 und 11 zu, den letzten, die der Sohar ha-dash deutet. Der Geliebte preist in ihnen den Liebreiz seiner Gefährtin im Schmuck ihrer Kettchen und ihrer Perlenschnur. Rabbi Simon hat dafür wieder eine überraschende Deutung:

> »Wie schön sind deine Wangen zwischen den Kettchen (1.10), denn jetzt haben sie die schriftliche und die mündliche Thora empfangen, und du bist unter ihnen gekrönt und das warst du vorher nicht. Das ist der Grund, warum ich dir Schweigen auferlegte, meine Gefährtin (Hoheslied 1,9) und deswegen habe ich dein Lied und das Aufbrechen deiner Liebe zurückgewiesen, denn du warst nackt, gänzlich nackt und du warst nicht mit deinem Kostbarkeiten geschmückt, doch … jetzt habe ich Gefallen an dir und an den Worten deines Liedes.«

Dieser Schmuck war, solange die Flucht noch nicht gelungen war, wie Rabbi Simon sagt, »noch nicht so vollständig, wie es sein muss, und so konntest du unter ihnen nicht, wie es deinem Rang geziemt hätte, gekrönt werden«. Mit »unter ihnen« sind hier die anderen Sephirot, die oberen Geschwister Malkuths, zu verstehen. Sie war ja aus dem Oberen verbannt und als Schechinah Herrin des Unteren geworden. Jetzt hatte sie ein Volk auf die andere Seite geführt, das heißt, den dunklen Mächten, symbolisiert durch den Pharao und Ägypten, entrissen – und jetzt konnte sie ihrem Rang gemäß gekrönt werden.

Die Schöpfung, die mit der Erschaffung des Menschen vollendet schien, wurde auch durch eben diesen Menschen in eine Katastrophe gestürzt, deren Folge die Trennung des Unteren vom Oberen war. Fortan gab es eine obere, von Licht durchflutete, und eine untere, in Finsternis gehüllte Welt. Zwar wurde Malkuth zur Königin in dieser Nachtwelt, und ihre Gabe – die Liebe – war wie das Anzünden einer Kerze in Dunkelheit und Kälte. Das Licht dieser Kerze wärmte und erhellte zwar und weckte dazu die Erinnerung an den strahlenden Festsaal, aus dem es stammte. Doch der Unteren

Welt war der Code nicht bekannt, der den Kosmos steuert und zusammenhält. Dieser Code ist die Thora, und so heißt es ja auch, wie schon einmal erwähnt, dass Gott in die Thora schaute und sie als seinen Bauplan benützte, als er die Welt schuf. Die Thora sollte einem Volk übergeben werden, damit es sie auch im Unteren verwirkliche. So würden die Gesetze des ganzen Kosmos und die der Menschen im Einklang miteinander stehen und in *einem* Akkord klingen.

Dafür aber musste das Volk, das dazu ausersehen war, aus den anderen Völkern ausgesondert zu werden, das Rote Meer durchschreiten, es musste in der Kargheit der Wüste lernen, Entbehrungen und Härten auf sich zu nehmen, um sich so auf die Last des Gesetzes, das ihm auferlegt werden sollte, vorzubereiten.

Solange der Pharao den Flüchtenden nachsetzte, hielt die Obere Welt den Atem an. Alles stand auf Messers Schneide. Die Schechinah war dem Volk bei Tag als Wolkensäule und bei Nacht als Feuersäule vorangezogen, um den Weg zu zeigen (2. Mos. 13,21); sie war seine »Stute« gewesen. Als das Rote Meer durchschritten war, war auch der Schmuck vollendet und Malkuth – die Gefährtin – konnte gekrönt werden. Rabbi Simon deutet damit den Vers »Wie schön sind deine Wangen zwischen den Kettchen und dein Hals mit der Perlenschnur!« Wie er es deutet, sind damit die schriftliche und die mündliche Thora gemeint, die jetzt in der Unteren Welt empfangen werden konnten.

Die Kabbala unterscheidet zwischen schriftlicher und mündlicher Thora. Beide sind nach ihrer Überlieferung Moses am Sinai übergeben worden. Die schriftliche ist als die »Fünf Bücher Moses« bekannt. Sie ist jedermann zugänglich. Die Ereignisse, von denen sie berichtet, können durchaus so verstanden werden, wie sie aufgezeichnet sind und dienen dann Kindern und Unverständigen zur Belehrung und Erbauung. Vor allem aber führen sie in die Gebote und Verbote für das Handeln ein.

Eine andere Art der Auslegung der Schrift bezieht die in ihr berichteten Ereignisse auf die Gegenwart. Dazu genügen ein kritischer Blick in das Heute und ein beweglicher Geist, der die Ähnlichkeiten zwischen dem Einst und dem Jetzt erkennt und so die Geschichte Gottes mit seinem Volk bis in die Gegenwart fortschreibt.

Diese Zugänge zur Thora, so viel auch an mündlich weitergegebenen Traditionen in sie einfließen mag, gehören zur schriftlichen Thora, die sich grundlegend von der mündlichen Thora unterscheidet. Diese nämlich soll Moses am Sinai als Schlüssel zu dem, was sich hinter den Worten der schriftlichen Thora verbirgt, zusätzlich übergeben worden sein. Im Gegensatz zur schriftlichen Thora, die offen weitergegeben werden durfte, sollte dieser Schlüssel nur mündlich in kleinen Kreisen als Kabbala überliefert werden. Als diese Tradition abzubrechen drohte, wurde sie schriftlich festgehalten – so jedenfalls will Moses von Leon seine Veröffentlichung des Sohar verstanden wissen. Die mündliche Thora ist, das sollte nicht übersehen werden, ein Schlüssel und nicht etwa eine Parallelthora, die ein Meister seinen Schülern so oft vortrug, bis sie sie auswendig beherrschten. Durch die mündliche Thora wird nichts, was in der schriftlichen geboten oder verboten ist, zurückgenommen. Die mündliche Thora belebt jedoch die schriftliche wie die Seele den Körper und lässt die Buchstaben als Leichnam zurück, wenn sie sich von ihnen trennt.

So gesehen sind die Überlieferungen der Kabbala nicht die mündliche Thora, sondern das, was mit Hilfe des am Sinai übergebenen Schlüssels aus der schriftlichen Thora erschlossen wurde. Die schriftliche Thora ist längst nicht gänzlich erschlossen. Sollte der Schlüssel einmal verlorengehen, dann allerdings würde sie verstummen.

Wir erwähnten schon, dass im Hebräischen meistens nur die Konsonanten geschrieben werden. Wer die Sprache kennt, dem genügt diese ›Kurzschrift‹, doch es gibt zahlreiche Zweifelsfälle, in denen nur die Vokale klären können, wie die Konsonanten zu lesen sind und wie das betreffende Wort zu verstehen ist. Das ist besonders für den Gottesdienst wichtig, in dem Abschnitte aus der Schrift kantillierend, das heißt, in einer Art von Sprechgesang vorgetragen werden. Hier darf es nicht den Vorlesern überlassen bleiben, die Wörter nach eigenem Gutdünken zu vokalisieren. Deshalb hat man schon früh durch Vokalzeichen (zumeist unter den jeweiligen Konsonanten) und durch Vortragszeichen, bzw. Akzente (zumeist über den Konsonanten) festgelegt, wie die Wörter zu lesen und zu gliedern seien. Die Gelehrten, die diese Arbeit im 10. Jahrhundert leisteten, sind unter der Bezeichnung Masoreten bekannt. Keinesfalls aber haben die Masoreten die Vokal- und Vortragszeichen erfunden, sie haben vielmehr ältere Systeme ausgebaut, systematisiert und verfeinert.

Rabbi Simon versteht in seinem Midrasch den aus kleinen Ringen bestehenden Schmuck der Geliebten als die Vokal- und Vortragszeichen der Thora. Für ihn steht fest, dass sie nicht nach der Offenbarung am Sinai als Hilfsmittel erfunden und eingeführt wurden. Sie wurden mit der schriftlichen Thora übergeben, und schmücken ihre Konsonanten wie kostbares Ohrgehänge.

Das alles war noch in Arbeit gewesen, solange das Volk nicht sicher auf der anderen Seite des Ufers angekommen war. Doch als die Flucht geglückt war, da konnte die Geliebte, wie es ihrem Rang entsprach, im Oberen wie im Unteren gekrönt werden. Das Volk hatte sich der Übergabe der in ihrem

Schmuck vollendeten Thora als würdig erwiesen, und die beiden Welten waren wieder fest miteinander verbunden.

Rabbi Simon fasst seine Unterweisung in den Worten zusammen:

> »Alle Vokalzeichen haben die Aufgabe, die Buchstaben nach dem Muster des Werkes des Himmels, der Erde und aller Welten zu erleuchten. Die Buchstaben allein ergeben ohne die Beleuchtung der Vokalzeichen keinen Sinn, und dies alles wurde am Sinai mit dem Geheimnis der Thora übergeben, die das Geheimnis des Oberen widerspiegelt.«[72]

Die Übergabe der Thora war fast wie eine zweite Schöpfung. Sie war ein Meteoreinschlag, der alles veränderte. Das Obere war von nun an nicht nur erahnbar, nicht mehr nur der Schattenriss einer Silhouette, die durch ein Ereignis hindurch einigen erkennbar wird, anderen aber verborgen bleibt. Von nun an war es gegenwärtig, verkündete seinen Willen, wies den Weg und öffnete die Tore zu seinen Geheimnissen.

Wir fragen uns: Ist das alles nichts anderes als enthusiastischer Überschwang, der schwärmerisch die Bodenhaftung aufgibt und abstürzen muss, wenn der Rausch abklingt? Was hat sich denn am Sinai geändert? Wo wäre der Meteoreinschlag sichtbar, und welche Geheimnisse gäbe denn die Thora preis?

Gehen wir zum Einstieg in diese Fragen von der letzten Eröffnung Rabbi Simons aus, in der er den Schmuck der Geliebten als die Vokal- und Vortragszeichen unter und über den hebräischen Konsonanten deutet. Handelt es sich dabei nun wirklich um ein Geheimnis, das nur mit Scheu dem kleinen Kreis derer enthüllt werden darf, die seiner würdig sind? Ist es nicht vielmehr nur ein überraschender, vielleicht auch poetischer Gedanke, wie er Menschen mit lebhafter Phantasie einfallen kann? Was trägt er zum Verständnis des Hohenliedes bei? Sind wir aufrichtig, müssen wir eingestehen: Nichts!

Der am Sinai übergebene Schlüssel wäre also nur ein Spielzeug? Wer mit ihm historisch oder religionswissenschaftlich verwertbare Fakten sucht, wird in der Tat nur zu verstaubten Folianten geführt und versteht nicht, warum sie geschrieben wurden. Man muss in die andere Richtung gehen, nicht ins Objektive, sondern ins Subjektive, nicht in die des Bewussten, sondern des Unbewussten. Die Kabbala ist nicht eine absonderliche Spielart der Theologie, sie ist eine ganz andere Theologie, sie ist Tiefentheologie!

Rabbi Simon interpretiert die Schrift wie einen Traum. Damit tritt er zuerst in seine eigene Traumwelt, sein eigenes Unbewusstes ein, doch er steigt durch es hindurch in ein höheres, überlagerndes Bewusstsein auf. Darin lassen sich keine Messlatten einstecken, und es ist genauso wenig mit Sextanten zu vermessen wie die Träume überhaupt. Doch es ist voller Symbole und mächtiger Bilder. Daraus lässt sich kein wirtschaftlicher oder wissenschaftlicher Gewinn ziehen, keine moralische Forderung ableiten. In dem Augenblick, wo das versucht wird, lösen sich die Symbole und Bilder auf wie Frühnebel im Morgenlicht. Der aber, der sich in sie versenkt, versinkt in ihnen wie in den Augen der Geliebten, die bis auf den Grund seiner Seele reichen. Das war es, was Rabbi Simon, seine Gefährten und die, die ihnen folgten, suchten. Sie erlebten, dass etwas in ihnen geschah und dass der am Sinai übergebene Schüssel zur Thora in ihnen zu einem Organ wurde, das sie umgestaltete, und sie zu brennen begannen. Der leblose Docht in ihnen fing Feuer und wandelte das feste Wachs zunächst in das dunkle Licht, das ihn umgibt – und dann in die helle Flamme, die sich aus ihr erhebt.

Nachlese

Auf den vorangegangen Seiten haben wir aus der Fülle der Interpretationen des Sohar ha-dash zum Anfang des Hohenliedes einige ausgewählt und aus ihnen die kabbalistische Leseweise des Gedichts zu entwickeln versucht. Die Einführung, die wir so erhielten, reicht jedoch bei weitem nicht zur Entschlüsselung des ganzen Gedichts aus. Wir müssen uns gleichwohl damit abfinden, dass es außer den Deutungen des Sohar ha-dash keine andere fortlaufende kabbalistische Interpretation des Hohenliedes gibt. Dennoch, die Bedeutung, die die Kabbala dem Hohenlied beimisst, ist unübersehbar. Immer wieder greifen die anderen Bücher des Sohar auf seine Verse zurück, interpretieren sie oder stützen mit ihnen ihre Schriftauslegungen. Wenn sich auch aus diesen über den ganzen Sohar verstreuten Zitaten und ihrer Deutung keine Gesamtsicht des Hohenliedes aus der Tradition der Kabbala entwickeln lässt, so ist doch eine Spur gelegt, die noch etwas tiefer als die der ersten elf Verse in das Hohelied führt.

Die Interpretation dieser ersten elf Verse war darauf abgestellt, zu enthüllen, dass sich in ihnen die ganze Thora vom Schöpfungsbericht bis zu Sinai-Offenbarung widerspiegelt. Damit war auch unser Vorgehen festgelegt. Wir mussten dem Sohar ha-dash nur Schritt für Schritt folgen.

Diese Methode können wir, da sich aus den verstreuten Zitaten kein roter Faden zwirnen lässt, nicht weiter anwenden. Wir greifen deshalb aus den etwa siebzig Fundstellen, die sich im übrigen Sohar finden lassen, einige heraus, die die kabbalistische Leseweise besonders deutlich machen und zudem noch einige der Fragen beantworten, die wir gerne an Kabbala gerichtet hätten.

Wir beginnen dazu mit einem Midrasch Rabbi Abbas, einem der Gefährten Rabbi Simons.

Erben oder Diebe

»Meine Taube in den Klüften, verborgen in der Felswand.« (2,14) Mit der Taube ist die Gemeinschaft Israels gemeint, mit der Felswand Jerusalem, das fest und hoch ist wie ein Fels. »Verborgen in der Felswand« – damit ist die Stätte des Allerheiligsten gemeint, welche das Herz der ganzen Welt ist. Und deshalb heißt es: »Verborgen in der Felswand«, weil sich dort die Schechinah verborgen hält. [...] So waltet die Schechinah von ihrer Stätte nicht nach außen, sondern verbleibt verborgen bis zur Zeit der Verbannung.

Erst wenn sie in der Verbannung ist, gewinnen die übrigen Völker an Wert und Glück.
Merke: Solange Israel auf heiliger Erde wohnte, war alles in Richtigkeit, und der himmlische Thron bedeckte es ganz. Sein Gottesdienst drang durch die oberen Räume nach aufwärts an seine Stätte. Denn allein Israel war berufen, Gott in jenem Land zu dienen. Deshalb waren auch die heidnischen Völker ferngehalten und herrschten nicht wie jetzt, weil sie sich nur vom Reste ernährten. Doch, man mag sagen, wir wissen ja, wie viele (heidnische) Könige zur Zeit, als noch das Heiligtum stand, die Herrschaft ausübten. Merke aber: Zur Zeit des ersten Heiligtums, als Israel noch nicht das Land entweiht hatte, da war die Macht der heidnischen Völker noch geringer. Herrschen konnten sie sie nur dadurch, dass sie sich von jenem Reste ernährten. Als aber Israel sündig wurde und das Land entweihte, da verstieß es dadurch … die Schechinah von ihrer Stätte, und sie näherte sich anderen Stätten, und so wurde anderen Völkern das Recht zur Herrschaft gegeben. Merke, dass über das Land Israels niemand anderer die Herrschaft hat als der Allheilige allein. Und als Israel sündigte und fremden Göttern im Lande Räucherwerk darbrachte, da wurde … die Schechinah von ihrer Stätte vertrieben, und sie vermengten durch die Räucheropfer die Götzen mit der Schechinah. Dadurch wurde ihnen Macht gegeben, und es herrschten von nun ab die anderen Völker – es verschwanden die Propheten, und die höheren Wesen herrschten nicht mehr im Lande, und die Herrschaft wurde den anderen Völkern nicht mehr genommen, weil sie die Schechinah angezogen hatten. Und so war auch in der Zeit des zweiten Heiligtums die Herrschaft der fremden Völker keinesfalls beendet, noch weniger in der Zeit der Verbannung der Schechinah unter die anderen

Völkern an Stätten, wo die anderen Wesen herrschen; und da saugen sie alle Nahrung von der Schechinah, die sich jetzt mit ihnen verbunden hat.«[73]

Wir haben mit diesem Midrasch begonnen, weil er uns hilft, eine insgeheim vielleicht aufgekommene Frage zu beantworten: Ist es denn Nicht-Juden überhaupt erlaubt, in die Kabbala einzudringen und ihre eigene Welt- und Gottessicht aus und an ihr zu entwickeln und zu vertiefen? Bevor wir uns jedoch dieser Frage zuwenden, sind einige Textknoten aus dem Midrasch Rabbi Abbas zu lösen.

Rabbi Abba blickt auf das goldene Zeitalter Israels, die Zeit des ersten Tempels, zurück, in der das Volk geschützt von den Felshöhen, sicher wie die Taube in ihren Felsspalten war, und die im Tempel zu Jerusalem gefeierten Gottesdienste, die ganze Erde heiligend, aufwärts drangen. Die anderen Völker hatten nur dadurch Macht und Herrschaft, dass sie sich von dem »Rest nährten«. Was damit gemeint ist, lässt sich mit einem Bild verdeutlichen: Wenn Obstbäume bewässert werden, kommt das nicht nur ihnen, sondern allen anderen Pflanzen zugute, die in ihrer Nähe stehen. Das wäre der »der Rest«, von dem sich die übrigen Völker nährten.

Israel aber hat, als es anderen Göttern Rauchopfer darbrachte, die Schechinah aus seiner Mitte vertrieben. Seit dieser Zeit irrt die Schechinah, ausgeschlossen von dem, was ihr Schutz gab, durch die Lande, bald hier, bald dort verweilend, und immer nährt sie die, bei denen sie ihren Aufenthalt nimmt.

Wir können nunmehr auf unsere eingangs gestellte Frage zurückkommen und schließen ihr noch eine weitere an: Müssten die, in deren Leben die Kabbala Bedeutung angenommen hat, nicht eigentlich das Gesetz auf sich nehmen und Juden werden?

Schon in der frühen Christenheit war in einem ähnlichen Zusammenhang diese Frage aufgekommen und mit Leidenschaft diskutiert worden. Damals ging es darum, ob Unbeschnittene, also Menschen, die in anderen Religionen aufgewachsen waren und sich der neuen Lehre anschließen wollten, sich dem Gesetz unterwerfen und Juden werden müssten.

Die ersten Christen waren Juden. Für sie war unvorstellbar, dass sie das Gesetz aufgeben könnten. Sie sahen in Jesus von Nazareth den verheißenen Messias und glaubten sich durch ihn erlöst, doch nicht vom Gesetz entbunden. Paulus, in dessen Denken das Gesetz ohnehin keinen Platz mehr hatte, der es vielmehr als ein Hindernis zum Glauben an Jesus von Nazareth als den Messias ansah, setzte sich gegen die durch, die am Gesetz festhalten wollten. Nach harten Auseinandersetzungen blieb die Befolgung des Gesetzes nur für die als Juden Geborenen verpflichtend. Bei den Heiden trat die Taufe an Stelle der Beschneidung und das Gesetz Christi an die Stelle des Gesetzes vom Sinai, von dem nur die Zehn Gebote als verpflichtend beibehalten wurden. Wäre die Befolgung des ganzen Gesetzes von den Heiden verlangt worden, dann wäre das Christentum eine unbedeutende jüdischen Sekte geblieben, doch niemals zu Religion des Abendlandes geworden.

In der Renaissance und im Barock, als christliche Theologen[74] die Kabbala kennenlernten, setzten sie Tipheret mit Christus und Malkuth mit Maria bzw. den ihren Seelenbräutigam erwartenden und ihm sehnsüchtig entgegeneilenden Seelen gleich. Außerdem glaubten sie, dass es möglich sein müsste, den Kabbalisten unter den Juden aus dem trinitarischen Aufbau des Spehirotsystems nachzuweisen, dass sie insgeheim ja längst schon Christen seien und somit ein Übertritt nur konsequent wäre. Für diese Kabbalaforscher gab es mithin keinen Grund, sich mit der Frage zu beunruhigen, ob es denn Nicht-Juden erlaubt sei, Orientierung und Wegweisung in der Kabbala zu finden.

Was damals als vertretbare Umdeutung verstanden wurde, erschiene uns heute als widerrechtliche Aneignung, bei der sowohl das Christentum wie die Kabbala Schaden leiden müssten. Keine der Sephirot kann als Person gedacht, auf Erden wandelnd, lehrend, essend und trinkend und schließlich am Kreuz sterbend vorgestellt werden. Malkuth ist zwar die Untere Mutter, unvorstellbar aber, dass sie ein Kind geboren und es an ihre Brust gelegt hätte. Sie ist weit mehr der Weltseele Goethes als der leiblichen Mutter des Jesus von Nazareth verwandt. Die Möglichkeit, die Kabbala mit dem Christentum zu überblenden und so die aufgeworfene Frage als gelöst anzusehen, ist uns also genommen.

Doch der Midrasch Rabbi Abbas hat angedeutet, wie der Konflikt zu lösen sein könnte. Wäre es möglich, ihn zu bitten fortzufahren, würde er vielleicht hinzufügen: »Merke, vor langer Zeit schon hat die Schechinah Jerusalem verlassen. Wie eine Taube, die ihren Nistplatz aufgibt, wenn ihr Gefahr dort droht, ist sie nun heimatlos. Insgeheim weiß sie, dass sie nie mehr eine feste Wohnstatt finden wird. Einst ernährten sich die Völker von dem Rest, der verblieb, als sie ihr Volk gesättigt hatte. Jetzt ernährt sie unterschiedslos alle. Sie fragt nicht danach, ob man ihren Namen kennt und um ihr Schicksal und ihre Liebe weiß. Sie will nicht, dass man, nachdem der Tempel in Jerusalem, wo sie ihren Geliebten erwartete, zerstört ist, einen anderen baut. Sie will nicht, dass man sie mit Ritualen einfängt und mit einem Gespinst von Lehrsätzen fesselt. Du fragst, was will sie denn stattdessen? Merke: Sie will, dass du zu ihrem Geliebten wirst und sagst: ›Ich komme in meinen Garten, meine Schwester und Braut, ich pflücke meine Myrrhe und den Balsam, esse meine Wabe samt dem Honig, trinke meinen Wein mit der Milch. Freunde, esst und trinkt, berauscht euch an der Liebe.‹« (5,1)

Der Garten hat kein Maß und keinen Ort, und der Wein und die Milch der Schechinah sind gewichtslos wie der Duft von Myrrhe und Balsam. Der Rausch der Liebe gleicht dem Schlaf in den Armen der Geliebten, aus dem du nicht erweckt werden solltest, bis es der Liebe selber gefällt (3,5). Und warum nicht? Weil dieser Schlaf heilig ist, denn in ihm werden die harten Krusten, die sich wie ein Panzer um dich gelegt haben, abgelöst, und jetzt weißt du, dass du nicht mehr besorgt sein musst, ob du vielleicht in den Garten der Schechinah wie in fremdes Eigentum einbrichst. Dieser Garten kann sich dir in jeder Religion auftun – wie aber auch jede Religion dir den Zugang zu ihm versperren kann. Hast du einmal die Düfte dieses Gartens der Schechinah wahrgenommen und von ihrem Honig und ihrer Milch gekostet, dann wirst du alles andere daran messen und erkennen, was dir aus verunreinigten Quellen geboten wird und es zurückweisen. Du bleibst, der du warst und als der du geboren wurdest. Doch es ist wie mit einem Stück Gold, hämmert man es nur lange genug aus, wird es schließlich durchscheinend, wenn man es gegen das Licht hält.

Hochzeit und Krönung

Als nächstem wenden wir uns einem Vers zu, den wir ausgewählt haben, weil über ihm der über das Hohelied gebreitete poetische Schleier für das, was vielen verborgen, wenigen aber mitgeteilt werden soll, besonders durchlässig ist.

»Ihr Töchter Jerusalems, kommt heraus
Und schaut, ihr Töchter Zions,
König Salomon in seiner Krone!
Mit der ihn seine Mutter
Am Tage seiner Hochzeit,
Am Tage seiner Herzensfreude gekrönt hat.« (3,11)

Wer es grundsätzlich ablehnt, auf die Kabbala als Schlüssel zum Verständnis des Hohenliedes zurückzugreifen, muss sich fragen lassen, wie er diesen Vers erklären will. Israels Könige wurden gesalbt, und wenn ihnen eine Krone aufgesetzt wurde, dann am Tag, an dem sie König wurden, nicht aber am Tag ihrer Hochzeit. Krönung und Hochzeit, verstehen wir den Text wörtlich, fallen hier zusammen. Dafür jedoch, dass dies jemals vorgekommen sei, lässt sich bei keinem der israelischen Könige ein Hinweis finden.

Außerdem: Israels Könige wurden nicht von ihren Müttern gekrönt. Warum sollte Batseba, Salomos Mutter, eine Ausnahme machen, und bei welcher seiner Hochzeiten könnte sie ihn gekrönt haben? Etwa bei der Hochzeit mit seiner ersten Frau, einer der Töchter des Pharaoh? War das der Tag seiner Herzensfreude? Diese Ehe wurde doch ganz sicher nur aus machtpolitischen Gründen geschlossen. So heißt es bezeichnenderweise auch von dem Ereignis: »Salomo verschwägerte sich mit dem Pharao, dem König von Ägypten.« (1. Könige 3,11) Nun heiratete Salomo allerdings im Laufe seines Lebens noch insgesamt 700 Frauen aus Fürstengeschlechtern und dazu noch 300 Nebenfrauen (1. Könige 11,3). Bei welcher dieser vielen anderen Hochzeiten (wir würden wohl besser von Aufnehmen in den königlichen Harem sprechen) könnte ihn Batseba denn gekrönt haben? – Bei keiner!

Dazu kommt noch eine weitere Frage: Im Hohenlied werden die Töchter Jerusalems sechs Mal gebeten, etwas zu tun oder zu lassen (1,5; 2,7; 3,5; 3,11; 5,8; 8,4), doch kein einziges Mal die Söhne der Stadt! Wie verträgt sich das mit der entschieden maskulin-patriarchalen Ausrichtung des Volkes zur Zeit der Könige? Oder anders gefragt: Könnte der Sohar dem eigentlich Gemeinten nicht vielleicht näher sein? Er sieht in den »Töchtern Jerusalems« eine Metapher für jene oberen Kräfte, von denen die Schrift sonst als »himmlische Heerscharen« spricht.

Nach diesen Fragen an die Auslegungen, die nur diesseitig reale Erklärungen gelten lassen, wenden wir uns dem Verständnis dieses Verses im Sohar zu. Ein alter Mann, der seinen Lebensunterhalt als Eseltreiber verdient, trägt es vor.

Der Alte hatte mit seinem Esel das Gepäck Rabbi Joses, eines der Gefährten und Schüler Rabbi Simons, auf einer Reise befördert. Als Rabbi Jose nach der Reise in Tyrus mit Rabbi Hiya zusammentraf, war er glücklich, endlich wieder einen Partner zu haben, mit dem ein tiefgründiges Gespräch über die Thora zu führen sei. Er erzählte Rabbi Hiya, ein Eseltreiber habe ihn während der Reise ständig mit absonderlichen Fragen behelligt. So habe er wissen wollen: Welche Schlange fliegt in der Luft, während eine Ameise ungestört zwischen ihren Zähnen liegt? Oder: Welche sind die, die, wenn sie hinaufsteigen, herabsteigen, und wenn sie hinabsteigen, heraufsteigen? Und welche ist die schöne Jungfrau, die keine Augen hat und deren Körper verborgen und doch enthüllt ist – enthüllt am Morgen und verborgen während des Tages, und die mit Juwelen geschmückt ist, die es nicht gibt?

Rabbi Hiya schienen die Fragen des Alten nicht ganz so abwegig und unvernünftig wie seinem Gefährten zu sein und er meinte: »Es kann manchmal vorkommen, dass in Gefäßen, die scheinbar leer sind, Goldkörner zu finden sind.« Er wollte den Alten kennenlernen und bat deshalb Rabbi Jose, ihn zu ihm zu führen. Die beiden Rabbis trafen den Alten, als er seinen Esel fütterte. Er begrüßte sie mit einer seiner befremdlichen Reden und sagte: »Jetzt sind aus zweien drei geworden und die drei sind eins«, und schloss sofort einen Midrasch an, in dem eins ins andere überging. Dabei kam der Alte auch zu unserem Vers, zitierte ihn noch einmal und sagte dazu:

> »Geht hinaus und schaut den König Salomo. Dieser Titel bezieht sich auf den König des Friedens, der hoch über den himmlischen Heerscharen in einer Region ist, ›die kein Auge außer dir, o Gott, gesehen hat‹ (Jes. 64,3), auf ihn, nach dessen Glorie die Engel droben fragen: Wo ist der Platz seiner Herrlichkeit? Beachtet allerdings, dass es im Text nicht heißt: ›und die Krone‹, sondern ›in der Krone‹. Daraus lernen wir, dass der, der die Krone sieht, gleichzeitig auch die Schönheit des Königs des Friedens sieht. Weiter ›womit seine Mutter ihn gekrönt hat‹. Sie – die Schechinah – wird manchmal ›Tochter‹, manchmal ›Schwester‹ und wie hier ›Mutter‹ genannt. Und sie ist tatsächlich dies alles. Der, der in dieses Geheimnis eindringt, hat kostbare Weisheit getrunken …«
>
> Danach fiel der alte Mann auf sein Gesicht und sagte: »›In deine Hand befehle ich meinen Geist. Du hast mich erlöst, o Gott der Wahrheit.‹ (Ps. 31,7) Das Gefäß, das unten war, wie kann es oben sein? Der Ehemann, der oben war, wie kann er unten sein? Seine Frau wurde seine Mutter! Wunder über Wunder! Sein Bruder wird sein Vater! […] Das stellt alles auf den Kopf: jene, die oben sein sollten, sind nun unten, und die, die unten sein sollten, sind nun oben. […] Wenn ein Man dreizehn Jahre alt wird, hat er

den Grad der Sohnschaft erreicht. Wenn er zwanzig ist, erreicht er den höheren Grad, den Grad von Joseph, den Rang der Männlichkeit, das Gebiet des Verstehens, denn bevor ein Mann heiratet, ist die Frau Herrin über die Welt des Weiblichen, über den ›kleinen Baum‹. Wenn er aber keine Kinder mit seiner Frau hat und ohne Nachkommen stirbt, dann wird er aus der Welt der Männlichkeit ausgeschlossen, und sie – seine Frau – wird dadurch, dass sie seinen Bruder heiratet, seine Mutter und sein Bruder wird sein ›Erlöser‹, sozusagen also sein Vater und steigt in den Rang der Männlichkeit auf, den er vorher innehatte.«[75]

Der Alte könnte tatsächlich, wie Rabbi Jose insgeheim zu vermuten schien, nicht ganz richtig im Kopf gewesen sein. Ehe wir Rabbi Jose allerdings Recht geben, wollen wir aber Rabbi Hiya folgen und in der scheinbar leeren Rede nach Goldkörnern suchen. Zuvor müssen wir dazu auf die so genannte Levirats-Ehe eingehen, die nach dem mosaischen Gesetz der Bruder eines kinderlos verstorbenen Mannes mit der Witwe seines Bruders eingehen musste. Der erste Sohn, der aus dieser Ehe hervorging, musste den Namen des ersten Mannes seiner Mutter annehmen. Damit »dessen Name in Israel nicht erlösche.« (5. Mos. 25, 5–10)

Auf das Verwirrspiel, das daraus für die verwandtschaftlichen Beziehungen entsteht, spielt der Alte an, denn der Vater eines in Levirats-Ehe geborenen Sohnes ist zugleich auch sein Onkel und sein Onkel sein Vater, und seine Mutter wird, als Frau seines Onkels, zu seiner Tante; und noch verzwickter: Der Schwager, der die Witwe des Verstorbenen geheiratet hat, wird zum Vater seines verstorbenen Bruders, denn jetzt steigt er an seiner Stelle in den Rang der »Männlichkeit« auf. Damit wird seine Witwe – als Frau seines Vaters – zu seiner Mutter.

Der Alte hat mit diesen Erörterungen den Vers nicht erklärt. Er hat nur die hohe Schule seines Scharfsinns vorgeritten und dabei durch den Hinweis auf die Variationen der verwandtschaftlichen Beziehungen, die bei einer Levirats-Ehe entstehen können, das Verständnis für die Krönung des Sohnes durch die Mutter vorbereitet. Er wollte daran erinnern, dass Verwandtschaftsverhältnisse nur scheinbar festgelegt sind und sich, je nach eingenommenem Blickwinkel, ändern können. Und diese Erfahrung überträgt er auf die Sephirot. Die Schechinah, sagt er, würde manchmal Tochter, manchmal Schwester und, wie hier, Mutter genannt, tatsächlich sei sie dies alles. Tochter ist sie insofern, als sie aus der Verbindung der oberen Sephirot Hokmah und Binah hervorging, Schwester ist sie, wie alle unteren Sephirot sich gegenseitig Brüder und Schwestern sind, und sie ist auch Mutter, weil die Untere Welt aus ihr hervorging.

Es ist nicht ganz leicht, aus dem, was eigentlich nicht mehr als dahingeworfene Stichwörter sind, das Vorstellungsgebäude des Alten entstehen zu lassen. Versuchen wir, die verworrenen Fäden zu ordnen.

Der Text des Hohenliedes ist scheinbar eindeutig. König Salomo begeht prunkvoll seine Hochzeit in Jerusalem und wird dabei von seiner Mutter Batseba gekrönt. Die jungen Frauen werden aufgefordert, auf die Straße zu eilen und ihm zuzujubeln, wenn er in seiner Sänfte vorbeigetragen wird. Für den namenlosen Alten verhält es sich ganz anders: Der König, dem hier zugejubelt wird, ist der König des Friedens, der hoch über den himmlischen Heerscharen in einer Region ist, »die kein Auge außer dir, o Gott, gesehen hat«. Dazu ist seine Braut gleichzeitig seine Mutter, die ihn außerdem noch krönt. Die Hochzeit ist die von Tipheret und der Schechinah. Dabei ist die Schechinah gleichzeitig Braut und Mutter.

Woher will der Alte das wissen? Die nächstliegende Antwort wäre: Das sind nichts als Phantasien, die sich in Tiefsinn hüllen. Vielleicht aber hat der Alte hier, wenn auch unbeholfen und fast stammelnd, von einem Prozess gesprochen, der sich ihm in seinem langen Leben enthüllte, den er allerdings nicht in Worte hätte fassen können, wäre er ihm nicht im Hohenlied wiederbegegnet. Das wäre dann wie beim Feuerschlagen, wo zwei Dinge zusammenkommen müssen, der Stein und der Stahl, der ihn trifft. Der Alte war der Stein, der Vers aus dem Hohenlied der Stahl, der aus ihm den Funken der Erkenntnis schlug.

Zu fragen allerdings wäre, was uns die königliche Hochzeit von Tipheret und der Schechinah und der Jubel der himmlischen Heerscharen überhaupt angeht? Noch nicht einmal als Spalier stehendes Volk könnten wir an ihr teilnehmen. Sie spielt sich, wenn überhaupt, in Regionen ab, die »kein Auge je gesehen hat«.

Der Alte sagt es nicht, würde es wohl auch nicht zu sagen wagen, und dennoch erwächst seine Deutung aus der Gewissheit, dass der Mensch dort, wo er am tiefsten berührt und bewegt wird, das Göttliche in sich wiederfindet.

Sehen wir es so, dann entwirrt sich der Midrasch, und seine rätselhaften Sätze werden verständlich. Wenn der Alte davon spricht, dass ein Mann mit dreizehn Jahren den Grad der Sohnschaft und mit zwanzig den Grad von Joseph, den Rang der Männlichkeit, erreicht habe, dann denkt er dabei nicht an die bürgerlichen Stationen Strafmündigkeit und Volljährigkeit. Er spielt hier auf Einweihungsgrade an, für die es in der kabbalistischen Literatur gelegentlich andeutende Hinweise gibt.

Durch die Biografie Josephs wird ein innerer Weg sichtbar, dessen äußere Stationen bei all jenen, die ihn gehen, ähnlich sind. Immigration und Verbannung gehören immer dazu, mögen auch diese Stationen in den Einzelschicksalen sehr unterschiedliche Formen annehmen.

Wenn wir diesem inneren Weg, der in den Worten des Alten zum »Grad Josephs« führte, nachspüren wollen, müssen wir uns der Biografie Josephs zuwenden und dabei auf die Wendepunkte in ihr achten, bei denen das Obere dem Unteren nahe kam, es durchdrang und verwandelte.

Joseph, der Lieblingssohn Jakobs, unterschied sich schon früh von seinen Brüdern. In seinen Träumen schaute er in das Künftige. In der Schrift stehen in der Josephserzählung zwei Sätzen scheinbar beziehungslos nebeneinander, die seine Begnadung, die zu seinem Verhängnis wird, erkennbar machen. Die Brüder, die Joseph hassen, sehen ihn herankommen und sagen: »Da kommt ja dieser Träumer. Jetzt aber auf, erschlagen wir ihn und werfen ihn in eine Zisterne.« (1. Mos. 37, 19,20)

Jakob, Josephs Vater, hatte die Gabe Josephs erkannt und ihn deswegen besonders geliebt. Auch er hatte einst durch einen Traum in die andere Welt geblickt: Er hatte eine Leiter gesehen, die von der Erde bis an den Himmel reichte und auf der Engel auf- und niederstiegen. »Und siehe, der Herr stand oben und sprach: Ich bin der Herr, der Gott deines Vaters Abraham und der Gott Isaaks.« (1. Mos. 28,12 – 15)

Für die wirklichkeitsverhafteten Brüder Josephs war diese Ausrichtung auf die andere Welt unerträglich. Ihre Devise war: Es gibt nur eine Realität, und die soll uns genug sei. Wer es anders und besser zu wissen glaubt, ist unser Feind. Heute würde man einen Träumer wie Joseph so lange von oben herab belächeln, bis er unschädlich ist, damals hat man ihn umgebracht. Das hatten Josephs Brüder zwar geplant, doch schließlich nicht auf sich genommen. Sie verkauften ihn statt dessen als Sklaven an Händler, die nach Ägypten unterwegs waren und die ihn dort an den Obersten der Leibwache des Pharao weiter verkauften. Da Joseph den begierlichen Nachstellungen der Frau seines Besitzers nicht nachgab, verleumdete sie ihn mit dem, was er sich zu tun weigerte. Er wurde ins Gefängnis geworfen und die Hinrichtung schien ihm gewiss.

Hier wendete sich sein Schicksal, und die Gabe, die ihm zum Verhängnis geworden war, wurde jetzt zu seiner Rettung. Mitgefangene hatten ihm ihre Träume erzählt und das, was Joseph danach voraussagte, traf ein. Als der Pharao von Josephs Gabe erfuhr und zwei seiner Träume von ihm deuten ließ, erkannte er sofort seine Überlegenheit über die Kunst seiner Priester und machte ihn zu seinem obersten Minister. Mit umsichtiger Klugheit bereitete Joseph das Land auf eine von ihm vorausgesagte Hungersnot vor. Diese Hungersnot traf nicht nur Ägypten, sondern ebenso die Nachbarländer.

Als auch seine Brüder unter der Hungersnot litten und keinen Ausweg mehr sahen, reisten sie in der Hoffnung nach Ägypten, dort ihre Vorräte ergänzen zu können. Joseph erkannte sie sofort, sie ihn aber nicht. Seine Macht hätte es ihm erlaubt, Rache an ihnen zu nehmen. Stattdessen aber versorgte er sie mit allem, was sie brauchten, und lud sie ein, wiederzukommen. Als sie zum zweiten Mal nach Ägypten reisten, gab er sich ihnen zu erkennen, ohne ihnen nachzutragen, was sie ihm angetan hatten.

Die Lebens- und Erfolgsgeschichte Josephs bewegt sich um zwei Pole: Die Gabe der Traumdeutung und das Exil. Darin wiederholt sich das Motiv, von Verbannung und Aufstieg zu königlicher Würde, das wir von Malkuth kennen. Joseph hat dieses Schicksal nicht nur leidend ertragen, sondern angenommen.

Als seine Brüder ihrem Vater den in Blut getränkten Rock Josephs zum Beweis gebracht hatten, dass er von einem wilden Tier getötet worden sei, war Joseph in gewisser Weise wirklich gestorben. In Ägypten wurde er neu geboren und erreichte den »Grad Josephs«, das bedeutet, er wurde ganz er selbst. Deswegen rächte er sich nicht an seinen Brüdern, im Gegenteil, insgeheim war er ihnen für das Exil, das sie ihm aufgezwungen hatten, dankbar.

Damit können wir zu dem Alten zurückkehren und verstehen jetzt, dass er nicht vom historischen König Salomo gesprochen hatte, sondern von alle denen, die den Grad Josephs erreicht haben und von ihrer Mutter – der Schechinah – gekrönt werden. Dazu gibt der Alte noch etwas mehr mit seinem rätselhaften Ausspruch preis: »Denn bevor ein Mann heiratet, ist die Frau Herrin über die Welt des Weiblichen, über den ›kleinen Baum‹ gewesen.«

Der kleine Baum? Das sind die sieben Sephirot unter Binah. Der »große Baum« sind alle zehn Sephirot zusammen. Wenn der Alte hier von der Heirat spricht, dann meint er damit nicht die Trauung, den Eintrag ins Eheregister und die anschließende Hochzeitsfeier, sondern die Verschmelzung von Männlichem und Weiblichem, ohne die der Sohn den königlichen Grad, den Grad von Joseph, den Rang der Männlichkeit und das Gebiet des Verstehens nicht erreichen kann. Mit dem »Gebiet des Verstehens« spielt der Alte auf die Spehira Binah an. *Binah* bedeutet, wir erinnern uns, Verstand, Einsicht. Wenn diese Einsicht zu Chokmah, der Weisheit hinzukommt, wenn Männliches und Weibliches zusammenwirken, ist das wie das Sehen mit zwei Augen, das erst die Perspektive gibt.

Es wird nun deutlicher, was der Alte meinte, als er den Vers von der Hochzeit Salomos und seiner Krönung mehr stammelnd und andeutend als verständlich erklärte. Wir sind dem gleichen Motiv bereits in den Eingangsversen begegnet, als uns Atbasch erschloss, dass sich hinter ihnen die heilige Hochzeit verbirgt. In dem Vers, den der Alte deutet, wird zwar unverschlüsselt von einer Hochzeit und einer Krönung gesprochen, doch auch hier ist nicht gemeint, was gesagt zu sein scheint. Auch hier ist die Rede von der *coniunctio oppositorum*, der Verschmelzung des Entgegengesetzten. Allerdings haben das Männliche und das Weibliche jetzt die Positionen vertauscht. Als uns das Motiv zum ersten Mal begegnete, war es der König, der die Braut zu sich hinaufzog, dieses Mal krönt die bräutliche Mutter den Sohn. Wenn die Vereinigung der Gegensätze gelungen ist, dann sind Himmel und Erde, wie im Traum Jakobs durch die Leiter, wieder miteinander verbunden, und das Untere wird durch das Obere gekrönt.

Bei einer anderen Gelegenheit, als Rabbi Simon von den Töchtern Jerusalems im Hohenlied spricht, mit denen tatsächlich aber die himmlischen Heerscharen gemeint sind, bricht er unvermittelt seinen Midrasch ab, und der Sohar lässt ebenso scheinbar unvermittelt eine Szene folgen, die auch hier stehen könnte:

> »Nachdem Rabbi Simon seinen Midrasch beendet hatte, erhob er seine Hände im Gebet zum Allheiligen. Dann kamen Rabbi Eleasar, sein Sohn, und Rabbi Abba und setzten sich vor ihn. Da sahen sie das Tageslicht sich verdunkeln und ein Flammenbündel im See von Tiberias versinken, und der ganze Ort erzitterte. Und Rabbi Simon sprach: ›Gewiss ist gerade jetzt eine Zeit, da der Allheilige Seiner Kinder gedenkt und zwei Tränen herabsinken lässt ins weite Meer. Denn wenn die Leiden mit eingehen in jenes Feuerbündel, versinken sie mit ihm im Meere.‹«[76]

Der Garten

Wie das Wort Weinberg, kommt auch das Wort Garten – wie erwähnt – acht Mal im Hohenlied vor. Die Arbeit im Weinberg ist der im Garten sehr ähnlich. Doch im Hohenlied schwingen bei den zwei Worten Obertöne mit, die sie deutlich von einander unterscheiden. Bei dem Wort Weinberg klingen meist Arbeit und Mühe an. Die Brüder der Geliebten zürnen ihr, weil sie ihren eigenen Weinberg nicht gehütet habe (1,6), Füchse verwüsten die Weinberge (2,15). In den letzten Versen, in denen die Geliebte ihren Weinberg mit Pachtzins zurückgibt (8,12), lässt sich Genugtuung darüber heraushören, dass die Arbeit nun beendet sei.

Nichts davon beim Garten. Der ist von Düften der Balsambeete durchweht (4,16; 6,2) und voller köstlicher Früchte (4,16). In ihm sprudelt eine Quelle mit Wasser vom Libanon (4,1; 4,15). Wiewohl, oder vielleicht auch gerade weil, im Wort Weinberg der Zahlenwert des Gottesnamen mitschwingt, bleibt der Weinberg unverändert das, wofür er steht: für Arbeit und Mühe. Er wird weder mit dem Geliebten noch der Geliebten gleichgesetzt. Der Garten aber ist sowohl ein besonderer Ort wie auch die Geliebte selbst. »Ein verschlossener Garten ist meine Schwester und Braut, ein verschlossener Garten, ein versiegelter Quell.« (4,12)

Aus dem Midrasch des Alten wissen wir, dass wir uns nicht daran stoßen dürfen, wenn hier die Geliebte sowohl Braut wie Schwester ist. Das ist kein Anklang an die in Ägypten übliche Geschwisterehe zwischen den Kindern des Pharao, sondern ein Hinweis auf Tipheret und Malkuth, die beide Kinder von Chokmah und Binah sind und den männlichen und weiblichen Pol der Schöpfung verkörpern.

Wie dichterisch und realistisch wird von der Zuneigung der Liebenden gesprochen! Zartheit ist mit Leidenschaft gepaart. Es gibt kein verängstigtes Schuldgefühl, keinen Gedanken daran, was an Gefahr oder Vorteil aus dieser Liebe erwachsen könnte. Gibt es ein anderes Gedicht der Weltliteratur, in dem die tiefsten Wünsche, die ein Mensch an die Liebe haben kann, klarer und reiner ausgesprochen werden? Wir sind dennoch enttäuscht, scheint doch die Kabbala zu sagen: Das betrifft euch nicht, hier wird von Tipheret und Malkuth gesprochen, von den Höhen der Gottheit. Ihr aber bleibt in dem kleinen Glück oder dem großen Elend eurer Beziehungen!

Wir sind diesem Eindruck, ausgeschlossen und nichts als Zaungäste zu sein, schon begegnet. Jetzt, da sich dieser Eindruck am Ende unseres Versuchs, das Hohelied kabbalistisch zu verstehen, erneut aufdrängt, sollten wir eine Antwort auf ihn finden, die gleichzeitig unser Urteil über die Kabbala und unsere Einstellung zu ihr in sich schließt. Das entscheidende Kriterium für das Urteil ist: Hat die Kabbala mit unserem Leben zu tun, sagt sie etwas zu ihm oder nur zu dem der seligen Genien oben im Licht?

Liest man das Hohelied immer wieder – und das über viele Jahre – so gibt es keinen Zweifel: Es kann nicht von einem ganz dem Aufblick zur Oberen Welt hingegebenen Weltflüchtling geschrieben sein, und es ist auch klar, dass die, die behaupten, hier sei von der Liebe Gottes zu Israel oder zur Kirche die Rede, vor der Lebenskraft und -fülle des Gedichts davonlaufen. Das alles ist erfahren und erlebt! Also ist das Hohelied doch ein Hirtengedicht, das, überströmend von Bildern (nur andeutend zwar und doch mit welcher Freiheit!), die Liebe zweier junger Menschen besingt?

Eben das auch nicht, oder richtiger gesagt, nicht *nur.* Himmel und Erde sind im Hohenlied nicht durch die klare

Linie des Horizonts getrennt. Sie gehen ineinander über. Wir erinnern uns, dass der Alte in seinem Midrasch verwundert fragte: »Das Gefäß, das unten war, wie kann es oben sein?« Die Frage kann genauso gut umgekehrt gestellt werden: Wie kann das, was oben war, nun unten sein?

Es ist wie bei Körper und Seele. Die Seele ist nicht innen, der Körper nicht außen. Beide sind wie Kette und Schuss ineinander gewoben. Die Seele durchdringt und belebt den Körper, lässt sich aber nirgendwo in ihm finden. Seele und Körper sind eins, doch nicht dasselbe.

So sind auch die beiden Welten eins, und es ist nur ein Zugeständnis an die Beschränktheit unseres Denkvermögens, wenn wir von Oberer und Unterer Welt sprechen. Kein Raumschiff, und wäre es Tausende von Jahren mit Lichtgeschwindigkeit unterwegs, würde je zur Oberen Welt vorstoßen.

Wo aber ist sie denn? Sie ist allgegenwärtig und in uns. Alles, was von ihr handelt, handelt immer auch von uns. Deswegen schließen die Deutungen des Hohenliedes in der Kabbala uns nicht aus, sondern ein. Im Hohenlied erscheint die Liebe zwischen Mann und Frau wie ein Kristall, von dem alle Verschmutzungen und Verkrustungen, die sich auf ihm festgesetzt, ihn unkenntlich gemacht und entstellt haben, abgespült sind, und immer sind es Tipheret und Malkuth, die sich lieben, nennen wir sie Salomon und Sulamith oder jedermann und jedefrau. Jede Liebe ist göttlich.

Wir begannen diesen Abschnitt mit dem Hinweis darauf, dass das Bild des Gartens für die Geliebte steht. Im Vers, in dem zum ersten Mal vom Garten gesprochen wird, wird gleich zweimal gesagt, dass er verschlossen und sein Brunnen versiegelt sei. Mehr als das: Er ist nicht nur verschlossen, er ist so versteckt, dass man ihn achtlos übersieht, wann man an ihm vorbeikommt.

Rabbi Pinchas, einer der Gefährten Rabbi Simons, legt den Vers: »Die Quelle des Gartens bist du, ein Brunnen lebendigen Wassers, Wassers vom Libanon« (4,15) aus und regt uns zu weiterem Nachdenken an:

»Eine Quelle der Gärten – Ist eine Gartenquelle die einzige Art von Quelle überhaupt? Gibt es nicht viele und wertvolle Quellen in der Welt? Ja, das stimmt schon. Doch die Freude, die sie vermitteln ist nicht immer von der gleichen Art. Die Quelle, die in der Wüste an einem trockenen Ort entspringt, ist eine Wohltat, für jeden, der sich bei ihr niederlässt und von ihr trinkt. Aber ›eine Gartenquelle‹ – wie gut und kostbar ist sie! Diese Quelle lässt Pflanzen und Früchte gedeihen. Wer immer ihr nahe kommt, erfreut sich ihrer – ihres Wassers, ihrer Pflanzen, ihrer Früchte. Eine solche Quelle ist durch alles gekrönt. Sie ist von vielen Rosen und vielen duftenden Pflanzen umgeben. Diese Quelle ist schöner als andere Quellen, ›ein Quell lebendigen Wassers‹. Und wir erklären dies damit: Das alles bezieht sich auf die Schechinah. Sie ist ›die Quelle der Gärten‹.
Welches sind diese ›Gärten‹? Der Allheilige, gepriesen sei er, hat fünf Gärten, an denen Er große Freude hat. Und es gibt eine Quelle, verborgen und versiegelt, für sie alle, die sie bewässert und mit Leben erfüllt, und sie alle bringen Früchte und Pflanzen hervor. Doch es gibt einen Garten unter ihnen, und dieser Garten ist von allen Seiten geschützt. Unter diesem Garten sind andere Gärten, die Früchte ihrer Art hervorbringen. Und dieser Garten nimmt andere Gestalt an und wird eine Quelle und bewässert sie. ›Ein Quell lebendigen Wassers‹ – je wie es notwendig ist, wird er zu einem Brunnen oder einer

Quelle. Was ist der Unterschied? Fließendes Quellwasser und Schöpfwasser aus einem Brunnen sind nicht dasselbe. ›Und fließende Wasser vom Libanon.‹ Was bedeutet ›fließende‹? Dies sind die fünf Quellgründe, die vom oberen Libanon ausgehen und wenn sie zur Quelle werden, strömt das Wasser unaufhörlich hervor – süßes Wasser, nach dem es die Seele dürstet.«[77]

Wieder sind zunächst einige Textknoten zu lösen. Wenn Rabbi Pinchas von den fünf Gärten spricht, an denen der Allheilige seine Freude hat, so meint er damit die fünf Sephirot unter Chokmah und Binah, wobei er Tipheret und Jesod, wie in der Tradition der Kabbala häufig, als eine Sephira ansieht. Die Quelle, verborgen und versiegelt, die diese Gärten bewässert, ist Binah. Der Garten unter diesen fünf Gärten ist Malkuth/Schechinah und die Gärten unter diesem Garten sind die Untere Welt.

Dieser unbekümmerte Umgang mit Begriffen befremdet, denn in unserem Sprachgebrauch ist jedem Ding eine feste Bedeutung zugewiesen. Gärten können nicht gleichzeitig auch Quellen sein. In dem Gebiet jedoch, in das Rabbi Pinchas vorgedrungen ist, gleiten die Konturen ineinander, und so liegt zwischen »Garten« und »fließendem Wasser« nur ein Schritt. Tatsächlich strömt dieses Wasser auch nicht von den Bergen des Libanon herab, sondern vom »oberen Libanon« – dort, in den Höhen der Sephirot, in Chokmah und Binah, ist die Quelle des lebendigen Wassers.

Ohne Zweifel, auch Rabbi Pinchas richtet hier aus der Unteren Welt und durch sie hindurch den Blick auf die Obere, aus der sie hervorging und die sie widerspiegelt.

In der Schrift wird zum ersten Mal von einem Garten unmittelbar nach dem Bericht von der Erschaffung des Menschen gesprochen. »Dann legte JHWH in Eden, im Osten einen Garten an und setzte dorthin den Menschen, den er geformt hatte. JHWH ließ aus dem Boden allerlei Bäume wachsen, verlockend anzusehen und mit köstlichen Früchten, in der Mitte des Gartens aber den Baum des Lebens und der Erkenntnis des Guten und des Bösen.« (1. Mos. 2, 8–9) Unmittelbar danach heißt es: »Ein Strom entspringt in Eden, der den Garten bewässert…« (1. Mos. 2,10)

Der Garten Eden könnte ohne den Strom, der in ihm entspringt, keine Bäume mit köstlichen Früchten hervorbringen. Er wäre unfruchtbare Wüste. Der Garten und das lebendige Wassers des Stromes gehören untrennbar zusammen – ebenso wie der Garten und seine Quelle im Hohenlied! Hören wir noch einmal was Rabbi Pinchas von ihr sagt: »Wie gut und kostbar ist sie! Sie lässt Pflanzen und Früchte gedeihen. Wer immer ihr nahe kommt erfreut sich ihrer – ihres Wassers, ihrer Pflanzen, ihrer Früchte. Eine solche Quelle ... ist von vielen Rosen und duftenden Pflanzen umgeben. Diese Quelle ist schöner als andere ›ein Quell lebendigen Wassers.‹ [...] Das alles bezieht sich auf die Schechinah. Sie ist die Quelle der Gärten.«

Zwar hat JHWH den Menschen aus dem Garten verbannt und Cherubim mit loderndem Flammen vor ihm aufgestellt, die verhindern, dass der Mensch ungerufen zurückkommt (1. Mos. 3,23 u. 24), doch den Garten hat er nicht vernichtet, auch der Strom entquillt immer noch in ihm und ergießt sich als lebendiges Wasser in den versiegelten Quell des verschlossenen Gartens, mit dem der Geliebte seine Geliebte vergleicht (4,12). Der verschlossene Garten ist die Schechinah, die Nord- und Südwind beschwört, zu erwachen, ihren Garten zu durchwehen, damit die Balsamdüfte strömen, und die ihren Geliebten bittet, in seinen Garten zu kommen und von seinen köstlichen Früchten zu essen (4,16).

Also keine Cherubim mit lodernden Schwertern, die den Eingang verwehren, sondern einladende Düfte, die den Weg weisen, keine verschlossenen Tore, kein versiegelter Quell. Der Geliebte hat den Ruf vernommen und ist ihm jubelnd gefolgt. »Ich komme in meinen Garten, Schwester und Braut, ich pflücke meine Myrrhe, den Balsam; esse meine Wabe samt dem Honig, trinke meinen Wein und die Milch«, und dann der Ruf, auf den wir gewartet haben, der uns gilt: »Freunde, esst und trinkt, berauscht euch an der Liebe.« (5,1 u. 2) Wir sind zur heiligen Hochzeit geladen – nicht zu der eines anderen, sondern zur eigenen!

Zu der machen wir uns auf. Doch es ist wie in einem bedrückenden, verworrenen Traum. Wir sind unterwegs, alles wartet auf uns, wir wissen aber nicht wo, quälen uns mit schwerem Atem vorwärts, öffnen Tür nach Tür, geraten in unbewohnte Räume voller Unrat. Die Zeit läuft ab, wir kommen zu spät, viel zu spät, Wir kommen nie an. Wir sind an dem Garten vorbeigegangen und haben es nicht bemerkt.

Was hätte uns zu ihm führen können?

Wir haben die vielen Verse übersehen, in denen im Hohenlied die Liebenden einander preisen. Alles ist schön an dem anderen. Der Geliebte ist ausgezeichnet vor Tausenden, sein Haupt reines Gold, sein Leib wie eine Platte aus Elfenbein, mit Saphiren bedeckt, seine Schenkel sind Marmorsäulen und seine Gestalt ist wie der Libanon. Kraftvolle Männlichkeit ist gepaart mit Schönheit. Seine Augen sind wie Tauben, die Zähne wie Milch, die Wangen wie Balsambeete, seine Lippen wie Lilien, die von flüssiger Myrrhe tropfen und seine Finger wie Stäbe aus Gold mit Edelsteinen besetzt (5,9–16).

Auch die Augen der Geliebten sind wie Tauben. Ihr Haar gleicht einer Herde, die herabzieht vom Berge Gilead, ihre Lippen sind rote Bänder, ihre Brüste sind wie zwei Kitzlein, wie die Zwillinge einer Gazelle – alles an ihr ist schön, kein Makel haftet an ihr (4,2–7).

Liebe und Schönheit sind eins. Ehe dem Menschen die Schönheit eines Abendrots, die Majestät der Berge aufging, lange bevor er von der Schönheit der Kunst ergriffen wurde, hat er die Schönheit des anderen wahrgenommen und begehrt. Die Biologen sagen: Wie weitsichtig hat doch hier die Natur Vorsorge getrieben; den Männern ist daran gelegen, gesunde Mütter für ihre Kinder zu finden. In einer Art von instinktiver Schnelldiagnose orientieren sie sich daher an roten Lippen, glänzenden Haaren, kräftigen Brüsten. Die Frauen wollen Schutz und Nahrung für sich und ihre Kinder und bevorzugen deshalb Männer mit kräftigen Schultern, die unerschrocken und dynamisch sind, denn nur ein tüchtiger Jäger vermag ausreichend Nahrung herbeizuschaffen.

Und wenn das Verlangen nach Schönheit dem Menschen wie die Fähigkeit sprechen zu lernen eingepflanzt wäre, damit, wenn ihn ein Duft aus dem Garten der Schechinah anweht, er in ihm ihren Ruf erkenne? Die Urschönheit auf der Erde ist immer die Schönheit des anderen, und darin flammt die Schönheit Gottes auf, und diese Schönheit ist keine Entscheidungshilfe bei der Partnerwahl zur Erzeugung gesunder Nachkommen, sondern eine Spur, die dorthin zurückführt, von wo sie ausging.

Sie war bis an die Tore des verschlossenen Gartens gelegt, aber als es hieß, es gäbe überhaupt keine Obere Welt, und alles sei nichts als ein Spiel von Materiepartikeln, die sich heute so und morgen anders zusammenballen, einmal Steine, dann Pflanzen, Tiere oder Menschen sind und so in den Wellen ihrer Metamorphosen ewig weiter schwingen, da überwucherten die Tore des Gartens, und die Spur zu ihnen wurde verschüttet. Ähnliches geschieht, wenn eine

Herrschaftsform durch eine andere ersetzt wird oder eine Religion der anderen weichen muss. Dann werden Bauten und Denkmäler zerstört, Kunstwerke vernichtet, Tempel und Kultstätten verwüstet. Nur so lange die Obere Welt noch lebte, blieb die Spur der Schönheit zu ihr, erhalten. Nun aber, da sie tot ist, muss auch das Schöne sterben.

Wie aber könnte die Obere Welt sterben? Sie kann doch nur für tot und in den Tiefen des Universums für verschollen erklärt werden – doch da war sie ja nie. Die Schechinah hatte doch immer wie eine Regenfahne, die über das Land zieht, das Obere mit dem Unteren verbunden, und nichts konnte sie daran hindern und auch heute hindert sie nichts.

Wo einst die Spur verlief, die zu den Toren des verschlossenen Gartens führte, ist jetzt ein Müllplatz. Der Weg der Tradition ist versperrt. Doch die Schechinah beschwört noch immer die Winde: »Nordwind erwache, Südwind herbei! Durchweht meinen Garten, lasst strömen die Balsamdüfte.« (4,14) Doch nur die von vielen ausgetretene Spur ist verschüttet, der Garten selbst aber jedem Zugriff entzogen. Wer seinen Duft wahrnimmt und ihm nachgeht, der kann ihn immer noch finden.

Epilog

Ich nehme das Bündel der Manuskriptseiten noch einmal in die Hand, blättere darin, bleibe an einigen Abschnitten hängen, überspringe ein paar Seiten, lese das Kapitel zu Ende und stoße dann die Seiten so auf den Tisch, dass ein rechtwinkliges Paket mit glatten Kanten daraus wird. Jetzt passen die Seiten in einen Ordner, der sich auf Regalen oder in Schubladen unterbringen lässt. Den Inhalt aber – bei welcher religiösen Tradition, bei welchem Fachgebiet, bei welcher Literaturgattung könnte man den einordnen?

Wem an einer solchen Einordnung gelegen ist, kann vielleicht helfen, wenn ich über die Arbeit an diesem Buch berichte. Ursprünglich hatte ich geplant, einen Einblick in die kabbalistische Interpretation des Hohenliedes im Sohar ha-dash, ergänzt durch die, die sich im übrigen Sohar finden lassen, zu vermitteln. Auf Deutsch liegt darüber nichts vor. Meine Aufgabe hätte dann darin bestanden, zu den einzelnen Versen des Hohenliedes, wenn nicht alle, so doch die aussagekräftigsten Interpretationen in Übersetzung zusammenstellen, die verschlungenen Fäden der Texte zu glätten und das Ganze mit einem einführenden Vorwort zu versehen. Mit der bibliothekarischen Einordnung hätte es dann keine Schwierigkeiten gegeben. Doch hätte man darin dem Schattenriss der Schechinah begegnen können?

Ich bin anders vorgegangen. Statt möglichst vieler Interpretationen habe ich nur einige ausgewählt und ihren Resonanzen in mir in der Hoffnung nachgespürt, dass so aus Wenigem ein Ganzes entstehen könne. Ich muss mich allerdings fragen: Habe ich die Deutung des Hohenliedes in der Kabbala wiedergegeben oder mich selbst in sie hineingespiegelt? War ich subjektiv in Bezug auf das Hohelied, doch objektiv in Bezug auf mich selbst?

Dieses Verschwimmen der Grenze zwischen Objektivität und Subjektivität scheint mir zum Wesen der Kabbala zu gehören. Denkbar, dass sie oft deswegen so viele Deutungen für eine Schriftstelle bietet, weil dann am ehesten die Möglichkeit besteht, dass eine unter ihnen eine ist, die in dem, der sie liest, die Saite trifft, die sie zum Mitschwingen bringt. Das führt unabwendbar zu unterschiedlichen Resonanzen, von denen keine für sich in Anspruch nehmen kann, die allein richtige zu sein.

Dieser Verzicht des Sohar auf Auslegungshoheit ist einerseits befreiend, andererseits macht er es schwerer, zu entscheiden, ob einem ein objektiver oder ein subjektiver Einblick in die Kabbala geöffnet worden ist. Zu dieser Unsicherheit kommt noch hinzu, dass die Kabbala fest gefügte Begriffe und Denkmuster aufweicht, bis sie so verflüssigt sind, dass es scheint, jedes könne zu allem werden, und dem gesunden Menschenverstand bliebe nichts anderes, als hilflos daneben zu stehen und zuzusehen.

Die alten Kabbalisten scheinen um diese, mit ihrem geheimen Wissen verbundenen, Gefahren gewusst zu haben, sagen sie doch, die Kabbala dürfe nur im kleinen Kreis von nicht mehr als drei Personen, von denen jede älter als vierzig sein müsse, weitergegeben werden, und das müsse zudem noch flüsternd geschehen.

Darin steckt Weisheit, denn die Kabbala wirkt machtvoll auf das Unbewusste und kann, zumal bei jungen Menschen krankhafte Prozesse anstoßen. Dies geschieht um so eher, wenn dazu noch ekstatische Begeisterung freigesetzt wird. Der verehrende Aufblick zu einem Meister kann für eine Übergangszeit Halt geben. Irgendwann aber muss es zur Trennung von dem Meister und der Gemeinschaft kommen, die ihn umklammert. Erfolgt die Trennung nicht, wird das, was zuvor das innere Wachstum förderte, zu dem, was es jetzt verhindert. Was aber nicht mehr wächst, verkümmert. Die Trennung ist schmerzhaft und führt zum Bruch mit all denen, mit denen man bis dahin in inniger Gemeinschaft verbunden war, und gleichzeitig entwertet sie alles, was dem Leben bis Sinn und Glanz gegeben hat. Es ist, als ob man aus einem Palast auszöge, lange unbehaust bliebe und dann froh wäre, noch in einer Hütte unterzukommen.

Doch warum soll die Weitergabe nur im kleinen Kreis von nicht mehr als drei Personen erfolgen? Der Druck, den Gemeinschaften ausüben, und das Überlegenheitsgefühl, das in ihnen leicht aufkommt, führt dazu, dass Gedanken erstarren und Wörter zu Erkennungsmerkmalen gefrieren – der Fundamentalismus lauert vor vielen Toren, und auch die Kabbala kann zu ihm verkommen. Außerdem: Die Beschäftigung mit geheimen Dingen könnte die Bildung von Geheimgesellschaften zur Folge haben, die, anstelle nach Wegen zu den Toren des verschlossenen Gartens nach verborgenen Schätzen suchen, oder unerkannt anderen Schaden zufügen wollen. Die Beschränkung auf drei Personen lässt das Gefühl, einem Zirkel anzugehören, der mit magischen Mitteln Einfluss und Macht ausüben könnte, erst gar nicht aufkommen.

Und die Anweisung, die Kabbala nur flüsternd weiterzugeben? Sie sollte, wie so vieles in der Kabbala, eher im übertragenen Sinn als wörtlich verstanden werden. Flüsternde Weitergabe schließt Predigten von der Kanzel aus. Die Midraschim Rabbi Simons und seiner Gefährten sind keine Predigthilfen, die ein Pfarrer zur Vorbereitung seiner Sonntagspredigt über einen alttestamentlichen Text benützen könnte. Er würde damit nur Verwirrung stiften.

Also keine Mission, keine Bekehrung? Man hat doch selbst von anderen erfahren, was einem wertvoll wurde. Da ist doch geradezu eine Verpflichtung es weiterzugeben!

Muss aber denn immer verkündet, diskutiert und gestritten werden? Die Schechinah rührt lautlos an, und fast immer sieht das, wenn es geschieht, wie ein Zufall aus. Ehe man ihr nachschauen kann, ist sie verschwunden. Wohin ist sie gegangen? Wenn man selbst auch die Begegnung vergisst, die Schechinah vergisst sie nicht. Sie streift einen wieder. Vielleicht führt sie einen Menschen auf den Weg, der die Richtung kennt, in die man gehen muss, vielleicht spielt sie einen Artikel oder ein Buch in die Hand, die weiterhelfen. Vielleicht aber enthüllt sie sich auch im Erleben des Schönen. Das klingt zynisch angesichts der Kriege, des Elends, des Hungers, der Krankheiten und des Mordens und qualvollen Sterbens! Da braucht man Hilfe, Engagement, Gerechtigkeit. Gewiss, das auch und zuerst.

Doch auch noch so engagierte Aktionen können nicht erzwingen, dass die Tore zum verschlossenen Garten sich öffnen. Sie öffnen sich wie von selbst – und das lautlos – und nie mit Gewalt. Allerdings scheint es, als ob dann, wenn die Verzweiflung ihre tiefste Sole erreicht hat, man dem Garten der Schechinah ganz nahe sei. Ein Hauch von Balsamdüften weht herüber, ein Vogel singt.

Diese Welt lässt sich nicht in ein Paradies verwandeln. Das Hohelied ist in ihr wie ein Meteor aufgeglüht, der in die Dunkelheit der Weltnacht stürzt. Alle Freude, alles Glück, alle Schönheit wogte in einem Reigen von Bildern vorbei. Das hatte seine Zeit und hat sie vielleicht irgendwann wieder. Doch alles hier ist endlich. Es kann und darf nicht bleiben. Deswegen ruft die Geliebte am Ende des Hohenliedes ihrem Geliebten zu:

> »Flieh mein Geliebter, sei wie eine Gazelle oder
> ein junger Hirsch auf den Balsamhügeln.« (8,14)

Als Rabbi Simon nach der Bedeutung dieses letzten Verses gefragt wurde, antwortete er:

> »Dies ist der Wunsch an den Allheiligen, dass er nicht einfach fortgehe, sondern nach der Weise des fliehenden Hirsches oder der Gazelle. Kein anderes Wesen in der Welt verhält sich wie die Gazelle oder der Hirsch, Denn diese laufen, wenn sie fliehen, immer nur ein kurzes Stück und wenden dann den Kopf nach der Stelle, die sie verlassen haben.« Daraus leitet er die Bitte ab: »O Herr der Welt, wenn wir verschuldet haben, dass du dich von uns wendest, dann sei es doch dein Wille, dass du es tust wie der junge Hirsch oder die Gazelle, die immer wieder nach dort zurückblicken, von wo sie geflohen sind.«[78]

Übertragung des Hohenliedes

Lied der Lieder, das da ist des Salomo.
O dass er mich küsste mit seines Mundes Küssen!
O zieh mich doch herauf zu dir –
nicht länger lasst uns weilen!
Der König führt' mich in seine Gemächer.
Da lasst uns jubeln und seiner uns freun.
Deine Liebe ist süßer als Wein.
Von denen ohne Fehl wirst du geliebt.
Schwarz bin ich, und doch bin ich schön,
ihr Töchter Jerusalems,
gleich den Zelten Kedars,
den Zeltvorhängen Salomos.
Schaut mich nicht an, weil ich so
sonnverbrannt bin.

Die Söhne meiner Mutter zürnten mir.
Zur Hüterin der Weinberge hatten sie mich bestellt.
Doch meinen eigenen Weinberg,
den hütete ich nicht.
Sag mir doch, du, den meine Seele liebt,
wo weidest du,
wo lässt am Mittag du lagern?
Denn nicht ziellos will ich umherirren,
bei deiner Freunde Herden.

Setumah

Weißt du das nicht, du schönste der Frauen?
Folge den Spuren der Schafe und lass
Deine Lämmer grasen bei den Zelten der Hirten.

Setumah

Der Stute am Wagen des Pharao
vergleiche ich dich, meine Freundin.
Wie schön sind deine Wangen zwischen den Ringkettchen
Und dein Hals mit der Perlenschnur!
Wir machen dazu dir noch
Goldene Ohrringe mit silbernen Kügelchen
Solange der König an seiner Tafel liegt,
verströme ich der Narde Wohlgeruch.
Nun ruht mein Geliebter,
zwischen meinen Brüsten –
einem Strauß von Myrrhen gleich.
Eine Traube von Hennablüten aus den Weinbergen
En-Gedis ist mein Geliebter mir.

Setumah

Ich sehe, wie schön du bist, meine Geliebte.
Schön wie Tauben sind sie deine Augen.
Mein Geliebter, schön bist du und stattlich.
Frisches Grün ist unser Lager.
Zedern sind unsrer Häuser Balken
Zypressen ihre Wände.
Ich bin die Rose des Scharon
Eine Lilie in den Tälern.
Einer Lilie im Dornfeld gleich ist
meine Geliebte unter den Frauen.
Ein Aprikosenbaum im Waldgehölz,
so ist mein Freund inmitten der jungen Männer
Wohl ist's mir in seinem Schatten
und seine Frucht ist süß in meinem Mund.
Ins Weinhaus hat er mich geführt
und Liebe ist sein Zeichen über mir.
Bettet mich auf Blumen, auf einem Lager
von Aprikosen, denn ich bin krank vor Liebe.
Sein linker Arm liegt unter meinem Kopf
mit seinem rechten Arm liebkost er mich.
Ich beschwöre euch, bei den Gazellen und Hirschen
des Feldes, ihr Töchter Jerusalems,
stört die Liebe nicht auf, weckt sie nicht,
bis es ihr selber gefällt.

Setumah

Horch, die Stimme meines Geliebten. Er kommt,
er springt über die Berge, eilt rasch über die Hügel.
Mein Geliebter, gleicht der Gazelle oder dem jungen Hirsch.
Hier, da steht er auf der anderen Seite unserer Mauer,
blickt durch die Fenster, späht durch die Gitter.

Der Geliebte spricht zu mir:
Eile meine Liebe, meine Schöne und komm.

Setumah

Denn sieh, der Winter ist vergangen und der Regen vorbei.
Die Blumen sprießen aus der Erde,
die Zeit der Lieder ist gekommen
und überall ist der Taube Ruf zu hören.
Der Feigenbaum lässt frühe Früchte reifen
Die blühenden Reben duften.
Eile meine Liebe, meine Schöne, und komm.
Meine Taube in den Klüften,
verborgen in der Felswand,

Setumah

Lass dein Gesicht mich sehen
und deine Stimme lass mich hören,
denn deine Stimme ist süß
und dein Gesicht, wie schön ist es!
Fangt uns die Füchse, die kleinen Füchse,
sie verwüsten die Weinberge.
Gerade jetzt, da der Wein in Blüte steht.
Mein Geliebter ist mein und ich bin sein,
der bei den Lilien weidet.
Komm, mein Geliebter, wenn der Tag verweht
und die Schatten wachsen,
sei der Gazelle gleich,
dem jungen Hirsch auf den zerklüfteten Bergen.

Setumah

In der Nacht, auf meinem Bett,
sehnte ich mich nach dem,
den meine Seele liebt, ich suchte ihn,
doch fand ihn nicht.
Aufstehen will ich und durchstreifen
die Gassen und Plätze und den suchen,
den meine Seele liebt.
Ich suchte ihn, doch fand ihn nicht.
Die Scharwächter begegneten mir
bei ihrer Runde durch die Stadt.
Habt ihr den gesehen, den meine Seele liebt?
Kaum war ich von ihnen fortgegangen,
da fand ich, den meine Seele liebt.
Ich hielt ihn fest und ließ ihn nicht mehr los,
bis ich ihn zu meiner Mutter Haus geführt,
zur Kammer derer, die mich empfangen hat.
Ich beschwöre euch, bei den Gazellen und Hirschen
des Feldes, ihr Töchter Jerusalems,
stört die Liebe nicht auf, weckt sie nicht,
bis es ihr selber gefällt.

Setumah

Wer ist's, der aus der Wüste heraufzieht
gleich einer Säule von Rauch,
und mehr Duft von
Myrrhe und Weihrauch verströmt
als alle Gewürze der Händler?
Siehe die Pracht Salomos.
Sechzig Krieger, die tapfersten Israels,
umstehen sein Bett gegen den Schrecken der Nacht.

Jeder erfahren im Kampf,
jeder mit dem Schwert an seiner Hüfte.

Setumah 9

König Salomo ließ eine Sänfte bauen
aus Holz vom Libanon.
Die Standfüße waren aus Silber,
der Boden aus Gold, der Sitz aus Purpur,
das Innere ausgelegt von der Liebe
der Töchter Jerusalems.
Ihr Töchter Jerusalems, kommt heraus
Und schaut, ihr Töchter Zions,
König Salomon in seiner Krone,
mit der ihn seine Mutter
am Tage seiner Hochzeit,
am Tage seiner Herzensfreude gekrönt hat.

Setumah 10

Sieh, meine Freundin, wie schön bist du.
schön wie Tauben sind deine Augen
hinter dem Schleier deiner Haare,
die herabwallen wie eine Herde Ziegen
vom Berge Gilead.
Deine Zähne sind wie
frisch geschorene Lämmer,
die aus der Schwemme kommen.
Alle sind Zwillinge
und nicht eines ist allein.
Rote Bänder sind deine Lippen
dein Mund ist lieblich und

die Rundung deiner Wange
wie eines Granatapfels Hälfte
hinter deinen Haaren.
Dein Hals – so wohlgeformt
wie ein Turm Davids.
Tausend Schilde hängen an ihm,
lauter Waffen von Kämpfern.
Deine Brüste – wie zwei Kitzen,
wie die Zwillinge einer Gazelle,
die in den Lilien weiden.
Wenn der Tag verweht
und die Schatten länger werden,
will ich zum Myrrhenberg gehen,
zum Weihrauchhügel.
Ich sehe nichts an dir, Geliebte,
was nicht vollkommen wäre.

Setumah

O komm mit mir, meine Braut.
Komm mit mir herunter vom Libanon,
fort von der Höhe des Amana,
von den Gipfeln des Senir und Hermon,
von den Bergen der Leoparden,
von den Lagern der Löwen.
Du hast mein Herz verwundet,
meine Schwester und Braut,
verwundet mit einem Blick deiner Augen,
mit einer Perle der Kette um deinen Hals.
Wie schön ist deine Liebe,
meine Schwester und Braut,
deine Liebe ist süßer als Wein.

Der Wohlgeruch deiner Duftöle
ist köstlicher als Balsamduft.
Deine Lippen sind Honig,
Honig und Milch sind unter deiner Zunge.
Der Duft deiner Kleider
ist wie der Duft des Libanon.

Setumah

Ein verschlossener Garten
bist du meine Schwester und Braut,
ein verschlossener Garten, ein versiegelter Quell.
In deinem Fruchtgarten ranken Granatapfelbäume
mit köstlichen Früchten
dazu blühen Henna und Narden,
Narde, Krokus, Kalamus und Zimt
mit allen Arten von Weihrauchbäumen,
dazu Myrrhe, Aloe und köstlichster Balsam.
Du bist die Quelle des Gartens,
ein Brunnen lebendigen Wassers,
Wasser vom Libanon.
Nordwind erwache, Südwind herbei!
Durchweht meinen Garten, lasst strömen die Balsamdüfte!
Ich komme in meinen Garten,
meine Schwester und Braut,
ich pflücke meine Myrrhe und den Balsam,
esse meine Wabe mit dem Honig,
trinke meinen Wein mit der Milch.
Freunde, esst und trinkt, berauscht euch an der Liebe.

Setumah

Ich schlief, doch mein Herz war wach.
Horch, die Stimme meines Geliebten.
Er klopft.
Öffne mir, meine Schwester, meine Geliebte,
meine Taube, meine Vollkommene.
Meine Haare sind nass, feucht vom Tau der Nacht.
Aber ich habe schon meine Kleider abgelegt,
soll ich sie wieder anziehen?
Auch meine Füße habe ich gewaschen –
soll ich sie wieder schmutzig machen?
Da streckte mein Geliebter seine Hand
durch die Türschließe,
und mein Herz schlug wild.
Ich stand auf, um meinem Geliebten zu öffnen.
Da tropften meine Finger von Myrrhe,
von süßer Myrrhe am Türgriff.
Ich öffnete meinem Geliebten aber
mein Geliebter war nicht da, war fortgegangen.
Da blieb das Herz mir stehn.
Ich suchte ihn überall,
doch ich fand ihn nicht.
Ich rief seinen Namen,
doch er antwortete nicht.
Da fanden mich die Scharwächter
bei ihrer Runde durch die Stadt.
Sie schlugen und verletzten mich,
entrissen mir den Mantel,
die Wächter der Mauern.
Ich beschwöre euch, ihr Töchter Jerusalems,
wenn ihr meinen Geliebten findet,
was sollt ihr ihm melden?
Sagt ihm, ich sei krank vor Liebe.

Durch was ist dein Geliebter
vor anderen ausgezeichnet,
du schönste der Frauen?
Was hat er anderen voraus,
dass du so in uns dringst?

Setumah

Mein Geliebter ist rot und weiß
und ragt unter Tausenden hervor.
Sein Haupt ist reines Gold.
Sein dichtes Haar ist rabenschwarz.
Seine Augen sind wie Tauben
an Wasserbächen,
eingefasst wie Edelsteine.
Seine Wangen sind wie ein Beet
von duftenden Kräutern.
Seine Lippen wie Rosen,
beträuft mit flüssiger Myrrhe.
Seine Hände sind Stäbe aus Gold
mit Edelsteinen besetzt.
Seine Lenden sind wie kostbares Elfenbein
mit Saphiren besetzt.
Seine Schenkel – Marmorsäulen
auf Sockeln von Gold.
Hochgewachsen wie der Libanon
ist er und zederngleich.
Sein Mund ist voller Süße,
und alles an ihm ist mir Entzücken.
Das ist mein Geliebter
und das ist mein Freund,
ihr Töchter Jerusalems.

Setumah

Wohin ist dein Geliebter gegangen,
du Schönste der Frauen?
Wenn du uns sagst, wohin er enteilt ist,
suchen nach ihm wir mit dir.
Hinunter zu seinem Garten,
zu den Gewürzbeeten,
ist mein Geliebter gegangen
dort will er weiden und Lilien pflücken.
Mein Geliebter ist mein und ich bin sein,
der unter den Lilien weidet.

Petichah

Schön wie Tirza bist du, meine Geliebte,
anmutig wie Jerusalem
und erhaben, den Gestirnen gleich
auf ihrer Bahn.
Wende deine Augen von mir,
denn sie verwirren mich.
Deine Haare sind wie eine Herde von Ziegen,
die herabströmen vom Berge Gilead,
deine Zähne wie
frisch geschorene Lämmer,
die aus der Schwemme kommen.
Wie eines Granatapfels Hälfte
ist die Rundung deiner Wange
hinter deinen Haaren.
Sechzig Königinnen, achtzig Nebenfrauen
und ungezählte junge Frauen
sind des Königs.
Doch eine allein nur ist meine Taube,
die Makellose,

die Einzige ihrer Mutter,
die Erwählte derer, die sie geboren hat.
Die jungen Frauen preisen sie glücklich,
Königinnen und Nebenfrauen rühmen sie.

Setumah

Wer ist die, die aufsteigt wie der Morgenstern,
leuchtend wie der Mond, strahlend hell wie die Sonne,
und erhaben, den Gestirnen gleich
auf ihrer Bahn?
Zum Nussgarten stieg ich hinab,
um am Bach das junge Grün zu schauen,
zu sehen ob der Wein schon knospt und
die Granatapfelbäume blühen.
Und da, bevor ich mich versah,
setzte sie mich in den
kostbarsten aller Wagen.
Dreh dich im Tanz, Sulamith
Wieder und wieder.
Lass uns dich sehen!
Wie schön sind deine Schritte
in den Sandalen, du Fürstentochter.
Warum blickt ihr so auf Sulamith,
wenn sie durch der Tänzer Reihen wirbelt?
Das Gold deiner Hüften
wie von Meisterhand ist es geformt
Dein Nabel – eine runde Schale,
immerzu sei sie voll Wein.
Dein Leib, eine Weizenschütte
umsteckt mit Lilien.
Deine Brüste – zwei Kitzen,

wie die Zwillinge einer Gazelle.
Dein Hals ist ein Turm aus Elfenbein.
Deine Augen sind wie Teiche von Hesbon,
am Tor von Bat-Rabbim.
Deine Nase ist wie ein Turm auf dem Libanon,
der nach Damskus blickt.
Dein Haupt krönt dich wie der Karmel.
Deine Haare sind wie Purpur.
Ein König ist in ihrer Flut gefangen.
Wie wunderbar bist du, deine Liebe
ist süßer als jegliche Lust.
Wie eine Palme bist du gewachsen
und deine Brüste sind wie ihre Rispen
der Früchte voll.
Ich sprach zu mir:
hochsteigen an der Palme will ich
und nach ihren Zweigen greifen.
Dann werden deine Brüste wie Trauben
des Weinstocks für mich sein,
dein Atem wie Duft von Aprikosen
und dein Mund wie guter Wein –
der mundet meinem Geliebten
und ließe ihn erwachen,
selbst wenn er schliefe.
Mein Geliebter ist mein,
allein nach mir geht sein Verlangen.

Setumah

Komm, mein Geliebter,
wir wollen hinaus in die Felder eilen
und lagern in den Hennabüschen während der Nacht.

Lass uns früh zu den Weingärten hinausgehen,
um zu sehen, ob der Wein schon knospt,
ob die Blüten aufgegangen sind
und die Granatäpfelbäume blühen.
Dort will ich dir meine Liebe geben.
Die Luft ist voll vom Duft der Liebesäpfel.
vielerlei köstliche Früchte
sind an unseren Türen, mein Geliebter,
für dich hab ich sie alle bewahrt.
Wärest du doch mein Bruder,
genährt an der Brust meiner Mutter,
küsste ich dich dann auf der Straße,
niemand könnte mich schmähen.
Führen würde ich dich in das Haus
meiner Mutter, sie würde mich lehren.
Würzwein gäbe ich dir zu trinken,
meinen Granatapfelmost.
Sein linker Arm liegt unter meinem Kopf
mit seinem rechten Arm liebkost er mich.
Ich beschwöre euch, ihr Töchter Jerusalems,
weckt die Liebe nicht auf,
bis es ihr selber gefällt.

Setumah

Wer ist sie, die aus der Wüste heraufsteigt,
an ihren Geliebten geschmiegt?
Dort unter dem Aprikosenbaum
Wo deine Mutter dich empfing,
dort wo du geboren warst.
eben dort weckte ich dich auf.

Binde mich wie ein Siegel
auf dein Herz,
wie ein Siegel auf deinen Arm,
denn die Liebe ist stark wie der Tod,
ihre Eifersucht bitter wie das Grab.
Selbst ihre Funken sind
ein verzehrendes Feuer
und eine vertilgende Flamme.
Große Wasser können
die Liebe nicht auslöschen,
kein Fluss sie wegschwemmen.
Wenn ein Mann versuchte,
für all sein Gut, Liebe zu kaufen –
nur verachten würde man ihn.

Setumah

Wir haben eine kleine Schwester,
die noch keine Brüste hat.
Was sollen wir tun,
wenn man um sie freit?
Wenn sie ein Wall ist,
dann bauen wir silberne Zinnen auf ihr,
ist sie ein Tor,
verschließen wir sie mit
Balken von Zedernholz.
Ich bin ein Wall
und meine Brüste sind Türme
deswegen findet mein Geliebter
Frieden in mir.

Setumah

König Salomo hatte einen Weinberg
In Baal-Hamon.
Den Weinberg übergab er Hütern,
und jeder zahlte ihm
tausend Silberstücke für seine Frucht.
Mein Weinberg gehört nur mir allein.
Hier sind deine tausend, Salomon!
Und zweihundert für die,
die ihn gehütet haben.
O du, die in den Gärten weilst,
all unsere Freunde hören auf deine Stimme.
Lass sie mich hören!
Flieh mein Geliebter, sei wie eine Gazelle oder
ein junger Hirsch auf den Balsamhügeln.

Anmerkungen

Bei allen Zitaten aus fremdsprachigen Werken handelt es sich um Übersetzungen des Verfassers.

1 Josef M. Oesch weist in seiner Untersuchung: Petucha und Setuma, Freiburg 1979, S. 339 nach, dass es sich bei diesen »kleinen Paraschen« um Sinneinteilungen der hebräischen Bibel handele.
2 Die Kapiteleinteilung der Bibel geht auf Stephan Langton zurück, der 1228 als Erzbischof von Canterbury starb. Die Verseinteilung nahm der Drucker Robert Stephanus zwischen 1551 und 1555 vor.
3 Sefer-ha-Sohar, das »Buch des Glanzes«, wurde von Moses von Leon, einer Stadt in Nordspanien, in den letzten Jahrzehnten des 13. Jhdts. in Abschriften verbreitet. Rabbi Moses behauptete, ihm sei auf geheimnisvolle Weise ein altes Manuskript in die Hände

geraten, das bekannt zu machen er für seine Pflicht hielte. In der letzten Zeit haben sich die Stimmen gemehrt, die Rabbi Moses nicht nur für den Herausgeber des Sohar, sondern für seinen Verfasser halten. Bis zum Beginn des 20. Jhdts. wurde angenommen, dass es sich bei den von Rabbi Moses verbreiteten Schriften des Sohar um kabbalistische Kommentare zur Schrift handele, die etwa im 2. Jhdt. verfasst wurden. Der Verfasser dieses Buch hält es für unmöglich, dass ein so umfangreiches Werk wie der Sohar von einem Einzelnen sozusagen fabuliert worden sein kann. Beim Sohar handelt es sich nicht um ein einzelnes Buch, sondern um eine ganze Literatursammlung. Er ist mit Ausnahme einiger kleinerer hebräischer Passagen auf Aramäisch geschrieben. Übersetzungen ins Hebräische, Englische, Französische und Deutsche erfolgten erst im 20. Jhdt. Dem vorliegenden Buch liegt hauptsächlich der Sohar ha-dash, der »Neue Sohar«, zugrunde. Es handelt sich dabei um Kommentare zu den ersten 11 Versen des Hohenliedes.

4 A.-D. Grad, Le véritable cantique des cantique, Monaco, 1984, S.25.

5 אנכי = 10 + 20 + 50 + 1 = 81

6 *Gematria*, auch Gemetria, eine Auslegungsmethode, bei der ein Wort nach seinem Zahlenwert gedeutet wird. Ha-Satan (der Satan) hat z.B. den Zahlenwert 364. Nach dem Verständnis der Gematria bedeutet das, dass der Satan an 364 Tagen des Jahres einen Freiraum für sein Handeln hat, nicht aber am 365. Tag, dem Versöhnungstag.

7 hebr. *Toledoth*, Zeugungen, Geschlechterfolgen.

8 Rabbi Akiba, geb. um 50 n.Chr. Bedeutender Sammler und Gestalter der Mischna (jüd. Schriftauslegung).

9 Sohar, fol.II, 18b, Midrash he ne elam

10 Lachower, Fischel, The Wisdom of the Zohar, an Anthology of Texts. Oxford 1989, S. 641.

11 *Midrash*, abgeleitet vom hebräischen Verb *darash*, suchen. In einem Midrash wird die für eine Schriftstelle gefundene Bedeutung vorgetragen.

12 Siehe Anm. 10, S. 641.

13 Sohar ha-dash, S.43.

14 Sohar ha-dash, S.11.

15 *Sephirot*, Pl. von *Sephira*, abgeleitet aus dem Hebräischen *glänzen*. Über das Griechische und Lateinische wurde daraus der *Saphir*, der wasserklare, blaue Edelstein.

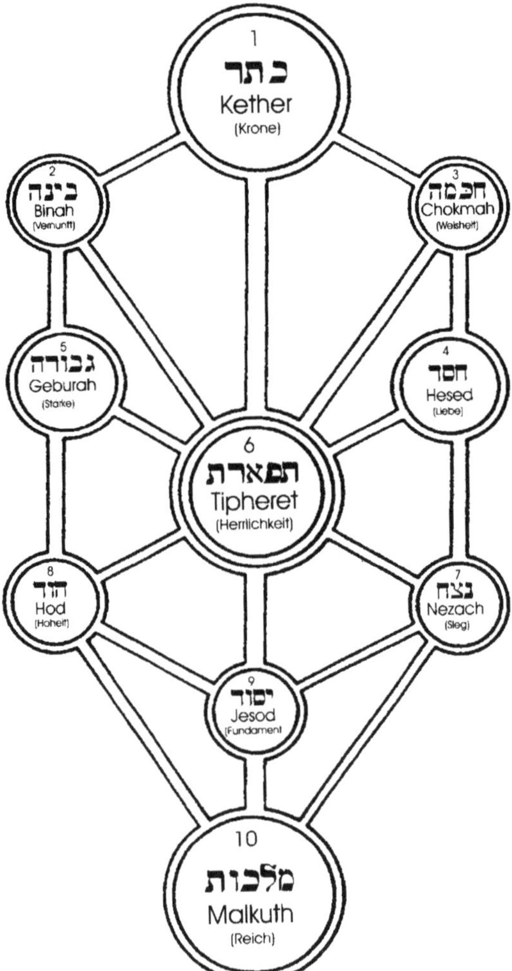

16 Christian Knorr von Rosenroth (1636–1689), vielseitiger Forscher und Dichter.

17 Sohar, fol.I, 15a.

18 Sohar, fol.I, 15a.

19 *Chokmah* – Weisheit – ist die meist gebrauchte Bezeichnung für die zweite Stufe, von der hier als Reschit gesprochen wurde.

20 *Binah*, hebr. Vernunft

21 *Malkuth*, das Reich

22 In der christlichen Theologie hat es sich eingebürgert, JHWH als Jahwe auszusprechen.

23 Müller, Ernst, Der Sohar, das heilige Buch der Kabbala, o. J. II.fol. 81b, S. 125.

24 Gershom Scholem, Sabbatai Sevi, The mystical Messiah. Princeton 1973.

25 Bd. 1, S. 131f. (fol.I, 34a–35b).

26 Bd. 1, S. 177 (fol.I55b).

27 Bd. 5, S. 381 (fol.III,297b).

28 Wenn auch im Neuen Testament nichts von der Himmelfahrt Marias berichtet wird, so geht doch der Glaube an die leibliche Auferstehung Mariens bis in die frühe Christenheit zurück. Bis zur Verkündigung als Dogma (1.11.1950) war der Glaube daran jedem Katholiken freigestellt. Von da an wurde er für Katholiken verpflichtend. Jung hat sich nicht etwa zu dem nunmehr verbindlich gewordenen Glaubenssatz bekannt. Er hat in ihm vielmehr einen Hinweis dafür gesehen, dass die männlich-trinitarische Gottheit (des Vaters, des Sohnes und des Heiligen Geistes) durch die Aufnahme des Weiblichen gewissermaßen zur Quaternität erweitert und damit dem Irdischen ein Platz in der Gottheit zugesprochen worden sei.

29 מישרים, *mischarim*, Gesenius, Hebräisches u. Aramäisches Wörterbuch, Berlin 1959. Auch der Sohar ha-dash liest es so (S. 91) und sieht die Mischarim – Mädchen – in den Sonderformen der Buchstaben Kaph, Mem, Nun, Pe und Zade, wenn sie am Ende eines Wortes vorkommen.

30 Zur Erinnerung: Der Schöpfungsbericht 1. Mos. 1,1 beginnt mit dem Wort *bereshit* – im Anfang.

31 Qintessenz aus lat. *quinta essentia*: fünfte Essenz.

32 Weinreb, Friedrich, Schöpfung im Wort. Weiler im Allgäu 1994, S. 153.
33 z. B. einige zufällig herausgegriffene Multiplikationen: 9 x 19 = 171, (Quersumme 9); 9 x 37= 333 (Quersumme 9); 9 x 231= 2079 (Quersumme 18); 9 x 789354 = 7104186 (Quersumme 27).
34 1. Chr. 29,11. Es heißt dort: Dir JHWH gebührt die Majestät und Gewalt, Herrlichkeit. Sieg und Dank.
35 The Zohar, translated by Harry Sperling and Maurice Simon, Bd. V, S. 42, London 1984.
36 Sohar ha-dash, S. 134.
37 siehe Kapitel ›Der Kuss‹.
38 Im Hebräischen ist der Mond feminin, um das im Deutschen nachzubilden, wird hier von der Mondin gesprochen. Die Mondin ist ein lebendiges Bild von Malkuth.
39 Sohar ha-dash, S. 152.
40 Binah, die oberste Sephira der linken Seite, bedeutet Vernunft, Verstehen, Einsicht.
41 Chessed, die Sephira unter Chokmah auf der rechten Seite, bedeutet Liebe, Gnade, Gunst.
42 Sohar ha dash, S. 68.
43 Sohar ha-dash, S. 151.
44 *in me'oroth*, pl., Leuchter, 1. Mos. 1,14 – מארת. In 1. Mos. 1,16 wird dann wieder die übliche Schreibweise מאורת verwendet.
45 Neumann, Erich, Kunst und schöpferisches Unbewusstes. Zürich 1998, S. 150.
46 »Und Elohim segnete sie und sprach: Seid fruchtbar und mehret euch, erfüllet das Wasser im Meer; und das Gefieder mehre sich auf Erden.« 1. Mos. 1,22. Mit den gleichen Worten wird auch den Menschen aufgetragen, furchtbar zu sein und sich zu mehren: 1. Mos.1,28.
47 Bd. 3, S.301 – (fol.I, 99a).
48 Sohar ha-dash, S.120.
49 Bd.1, S.177 – (fol I, 55b).
50 Sohar ha-dash, S. 145.
51 So Max Brod, Heidentum, Christentum, Judentum. Bd.2, München 1921, S.51.
52 Weinreb, Friedrich, Vor Babel, die Welt als Ursprache. Weiler im Allgäu 1951, S. 152.

53 Sohar ha-dash, S. 137.
54 ibd. S. 141.
55 The Zohar, Tishby and Sperling. Bd. 5, S. 267.
56 Müller, Ernst, Der Sohar, das heilige Buch der Kabbala, nach dem Urtext herausgegeben. fol.III, 17a o.J, S. 330
57 Sohar ha-dash, S. 150.
58 ibd. S.150.
59 siehe Kapitel ›Die heilige Hochzeit‹.
60 Fischel Lachower and Isaiah Tishby, The Wisdom of the Zohar. Oxford 1989, S. 731 f.
61 Für die Kabbala ist der Mensch, wie die Schöpfung überhaupt, viergliedrig. Die oberste Welt wird *Olam Aziluth* genannt, »die Welt, welche nahebei Gott steht". Bei den Zahlen entspricht ihr die Eins, aus der alle anderen Zahlen hervorgehen. Im Hebräischen, in dem es bekanntlich keinen Unterschied zwischen Zahlen- und Buchstabenzeichen gibt, wird die Eins mit dem Zeichen für Aleph geschrieben. Aleph ist jedoch kein bestimmter Laut, es ist wie das Öffnen des Mundes, das allem Sprechen vorangeht. Im Mikrokosmos, im Menschen, entspricht die Neshamah dem Bereich der Olam Aziluth. Sie lässt sich als das eigentliche, das unvergängliche Selbst verstehen.
Unterhalb von Aziluth ist der Schöpfungsbereich der *Olam Briah*, den man als die Welt der Ideen verstehen kann. Alles, was einmal werden wird, ist in ihr als immaterieller Keim enthalten. Im Menschen entspricht diesem Bereich die *Ruach*, die Geistesseele, jener Bereich, dessen wir uns bewusst sind, oder besser: in dem wir bewusst sind und in dem unsere Pläne und Handlungsentwürfe entstehen.
In der Schöpfung ist unter der Olam Briah die *Olam Jezirah*, die Welt der Formwerdung und der Steuerung des Werdens. Im Mikrokosmos des Menschen entspricht ihr die *Nefesh*, die Leibseele, die den Leib aufbaut und die vegetativen Lebensvorgänge steuert.
Die unterste Welt ist die *Olam Assia*, die Welt des Tuns, die sichtbare, die materielle Welt, die unserem Leib entspricht, der zerfällt, sobald ihn seine drei unsichtbaren Seelenglieder verlassen haben.
62 Ernst Müller, Der Sohar, das heilige Buch der Kabbala. o.J. S. 118.
63 Lachower, Tishby, The Zohar, I, 235a.

64 Lachower, Tishby, The Zohar, III, 1132.
65 siehe Kapitel ›Von unteren und oberen Gesängen‹.
66 Mopsik, Charles, Le Zohar, Cantique des Cantiques. Vendôme 1999, S. 175.
67 ושלשם על כלו bedeutet tatsächlich »die Dritten auf dem Wagen«. Da das aber keinen Sinn zu ergeben scheint, bieten die Übersetzungen einen Vorschlag, wie die drei Wörter verstanden werden könne.
68 »Und sie sahen die Ägypter tot am Ufer des Meeres und die große Hand, die der Herr den Ägyptern gezeigt hatte.« (2.Mos.14,30,31)
69 Mopsik, Charles, Le Zohar, Cantique des Cantiques. Vendôme 1999, S.175.
70 רסיתיך
71 ibd. S. 175.
72 Mopsik, Charles, Le Zohar, Cantique des Cantiques. Vendôme 1999, S. 203.
73 The Zohar, translated by Harry Sperling. London 1984, Bd. 1, S. 282.
74 Hier wären vor allem zu nennen: Pico della Mirandola, Johannes Reuchlin, Knorr von Rosenroth.
75 The Zohar, translated by Harry Sperling. London 1984, Bd. 3, S. 306 ff.
76 Müller 369 –II fol. 7a– 9a.
77 The Zohar, Anthology of Texts, arranged by Fischel Lachower. Oxford 1989, S. 145.
78 The Zohar, Lachower, Tishby, S. 130.

Bibliografie

Da es nicht die Absicht dieses Buches ist, einen wissenschaftlichen Beitrag zur Soharforschung und zur Kabbala zu leisten, wurde die Bibliografie auf einige wenige Werke beschränkt. Ausführliche bibliografische Hinweise finden sich bei Lachower und Scholem, s.u.

Bloch, Ariel und Bloch, Channa, The Song of Songs, A new translation with an introduction and commentary, New York 1995 (nicht kabbalistisch – kenntnisreiche und kritische Auseinandersetzung mit dem Urtext).

Grad, A.D. Le véritable Cantique des Cantiques, Introduction traditionelle et kabbalistique au Cantique des Cantiques, Monaco 1984.

Lachower, Fischel und Tishby, Isaiah, The Wisdom of the Zohar, Oxford 1989, 3 Bände.

Langer, Georg; Die Erotik der Kabbala. München 1989.

Mopsik, Charles, Le Zohar, Cantique des Cantiques, Vendome 1999.

Müller, Ernst, Der Sohar – das heilige Buch der Kabbala, Düsseldorf 1982.

Scholem, Gershom, Die jüdische Mystik in ihren Hauptströmungen, Frankfurt 1967.

Sohar ha-dash, Jerusalem 1955 (hebräisch).

Sperling, Harry und Simon, Maurice, The Zohar, London 1931-1934, 5 Bände.

Umbach, Rolf, Vom Flug der Fische, Die Bibel kabbalistisch gelesen, Neukirchen-Vluyn 1995.

Weinreb, Friedrich, Der göttliche Bauplan der Welt, Bern 1978.

ders. Vor Babel, die Welt der Ursprache, Weiler 1995.

ders. Das Mysterium der Liebe, Das Hohelied, 20 Tonbandkassetten. Weinreb Tonbandarchiv, Zürich.

Zu den Bildern

Die Kabbala denkt in Bildern und nicht in rationalen Ketten. Sie trifft auf die innere Bildwelt wie auf einen Spiegel, weckt sie auf und ruft vielfältige und individuelle Reaktionen hervor.

Die zwischen die Textseiten gestellten Bilder sind keine Illustrationen und auch kein beiläufiger Schmuck, sondern bildnerische Reflexionen einer Chinesin aus der Maltradition des fernen Ostens auf die Bildwelt der jüdischen Geheimlehre, deren Wurzeln bis in die Anfänge der abendländischen Kultur reichen. Beides ist nur scheinbar weit voneinander entfernt. Doch überall dort, wo diese Welt als transparent für die andere erlebt wird, sind über die Grenzen der Zeiten und Kulturen hinweg die Bilder, die sie widerspiegeln, ähnlich und einfühlbar.

Die hier reproduzierten Bilder sind ungegenständlich, denn sie sollen nicht auf eine bestimmte Vorstellung festlegen; sie haben keinen Titel, denn das würde den eigenen Widerspiegelungen die Richtung vorgeben.

Die Bilder sind auf chinesischem Reispapier mit Naturfarbpigmenten und Tusche gemalt.

Über den Autor

Dr. Rolf Umbach wurde 1926 in Leverkusen geboren. Nach dem Studium der Theologie, Psychologie und Philosophie arbeitete er zunächst als Leiter eines Heimes für schwer Erziehbare und später im Auftrag der UN als Entwicklungshelfer in Äthiopien. Anschließend wurde er zunächst Gemeindepfarrer in Namibia, später in Wiesbaden. 1995 machte er mit seiner Aufsehen erregenden Studie *Vom Flug der Fische. Die Bibel, kabbalistisch gelesen* auf sich aufmerksam. Rolf Umbach lebt mit seiner Frau Yo Mu Hung Umbach in Weilrod bei Frankfurt.

Über die Malerin

Yo Mu Hung Umbach wurde 1947 in Hong Kong geboren, wo sie zunächst Sozialwissenschaften studierte und danach eine Ausbildung in chinesischer Malerei bei Yang Shanshen begann. Bei einem siebenjährigen Afrikaaufenthalt lernte sie die traditionelle afrikanische Kunst kennen. Yo Mu Hung Umbach lebt seit dreißig Jahren in Deutschland und hat ihren eigenen Stil der chinesischen Malerei entwickelt, in dem chinesische, afrikanische und europäische Elemente miteinander verschmelzen.

Carl J. Soeder

Wahr-Nehmungen

Religion neu entdecken

104 Seiten, zzgl. 4 Farbseiten, geb.

Ob ein Regenbogen, gewaltige Wolkenberge am tiefblauen Himmel oder eine eher unauffällige Blume am Wegrand – wie oft gehen wir achtlos an ihnen vorüber oder werfen nur einen kurzen Blick darauf, weil scheinbar näher liegende Dinge unsere Gedanken lenken. Dabei können wir durch wirkliches Wahr-Nehmen all der Wunderwerke in der Natur zu einer Lebenshaltung finden, die uns Ängste überwinden lässt und ein Urvertrauen schenkt, das wir vielleicht gerade in unserer Zeit wieder brauchen.

Gewahren wir so allmählich einen tieferen Sinn hinter den Dingen, beginnen auch elementare Texte des Christentums wie das Vaterunser neu und unverbraucht zu uns zu sprechen. So wird dieses Buch zu einer ›Wegbeschreibung‹ für alle, die jenseits überkommener Traditionen nach religiösem Rückhalt suchen.

Baruch Luke Urieli

Empathie

Das Erwachen am anderen Menschen

104 Seiten, 26 z. T. farbige Abbildungen, kart.

Was sind die besonderen Herausforderungen im menschlichen Miteinander? Das Mysterium von Golgatha, die Platonischen Akademien der Renaissance, das Auftreten der Gestalt des Kaspar Hauser, die Tiefenpsychologie zu Beginn des 20. Jahrhunderts – in ihnen sind Entwicklungsstufen des Seelenlebens zu sehen, ohne die die Kraft der Empathie nicht entstehen könnte. Das Verhältnis zwischen Mensch und Einhorn, wie es auf den weltberühmten Teppichen des 15. Jahrhunderts dargestellt wurde, dient dem Autor als Leitbild für die Kraft der Empathie, d. h. für die Fähigkeit, im Umgang mit dem Mitmenschen das eigene Seelenleben zu erfahren und weiter zu entwickeln.

URACHHAUS